VIE DE NAPOLÉON BONAPARTE,

EMPEREUR ET ROI DES FRANÇAIS,

ET RELATION

DES VICTOIRES REMPORTÉES PAR LES ARMÉES FRANÇAISES, SOUS LES ORDRES DE CE GRAND GÉNÉRAL.

A TROYES,

CHEZ BAUDOT, IMPRIMEUR-LIBRAIRE,
Rue du Temple, N° 43.

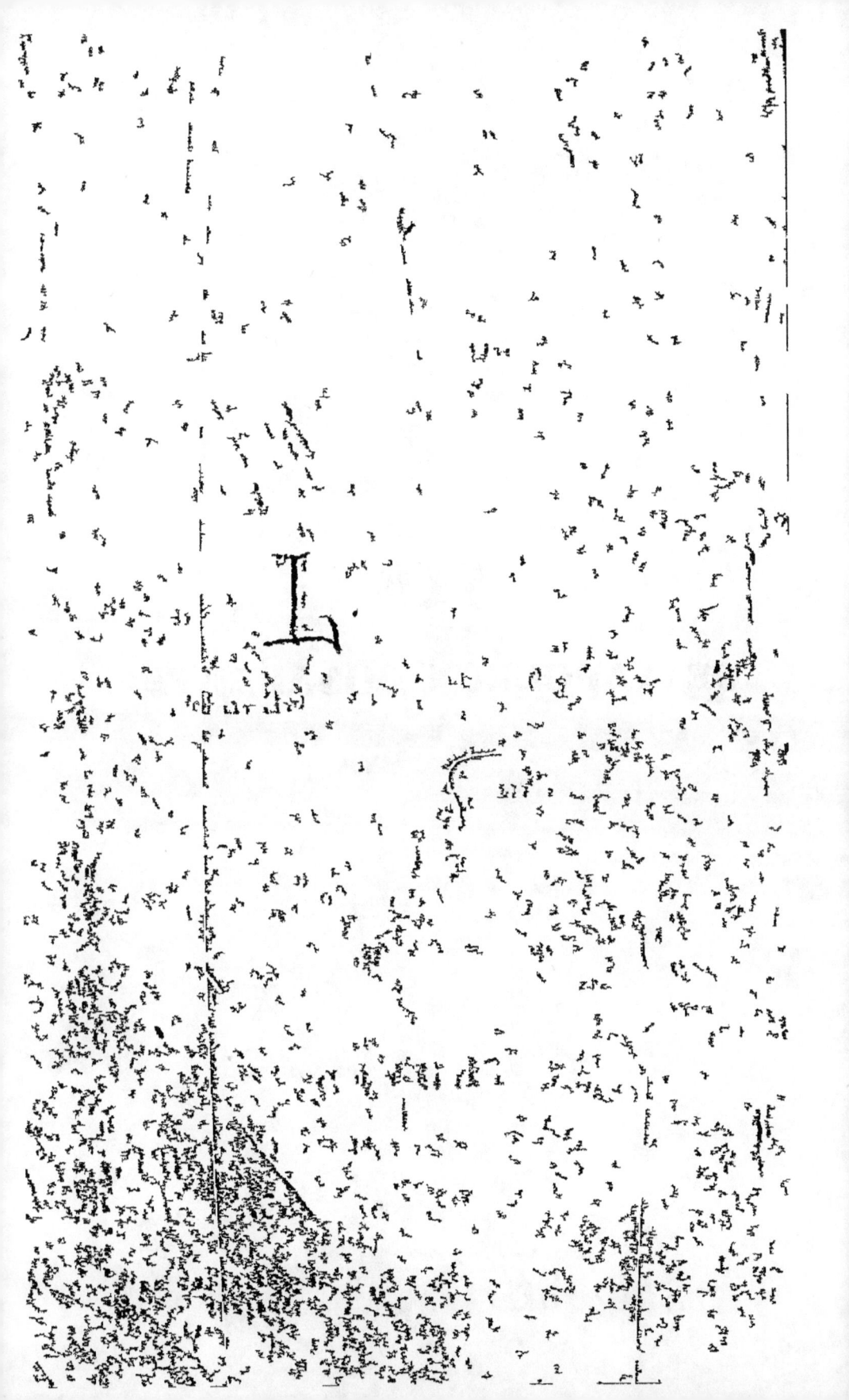

VIE
DE NAPOLÉON BONAPARTE.

On trouve à la même Librairie :

Adroite princesse,
Amours de Lucas,
Amours de la Vallière,
Arlequin dans la lune,
Aventures de Fortunatus,
Aventurier Buscon,
Aventures de Roquelaure,
Babiole,
Bâtiment des recettes,
Belle-Belle,
Belle Hélène,
Bergère des Alpes,
Biche au bois,
Biche blanche,
Bonhomme Misère,
Bonhomme Richard,
Bonne mère,
Bonne petite souris,
Brave Toulousain,
Catéchisme des gr. filles,
Catéchisme poissard,
Chatte blanche,
Conquêtes de Charlemag.
Description des six pets,
Ecole des Pères,
Explication des songes,
Etrennes aux riboteurs,
Fables d'Ésope,
Facétieux Réveil-Matin,
Fée Anguillette,
Gallien restauré,
Gargantua,
Grenouille bienfaisante,
Huon de Bordeaux,
Huit contes des fées,
Innocence reconnue,
Jardin d'amour,
Jean de Calais,
Jean de Paris,
Lampe merveilleuse,
Lionnette et Coquericot,

Magie naturelle,
Malice des femmes,
Méchanceté des filles,
Minet bleu et Louvette,
Œufs de Pâques,
Oiseau bleu,
Oranger et l'Abeille,
Palais des curieux,
Palais de la Vengeance,
Parfait amour,
Petite bavarde,
Pierre de Provence,
Pigeon et la Colombe,
Princesse Belle-Étoile,
Prince Lutin,
Prince Marcassin,
Prince Mouton,
Prophéties de Moult,
Quatre fils d'Aymon,
Rameau d'or,
Richard sans peur,
Robert le diable,
Sans Chagrin,
Scaramouche,
Secrets du petit Albert,
Serpentin vert,
Secrétaire des dames,
Secrets d'Albert-le-grand,
Singe vert,
Tourbillon,
Tragédie de sainte Reine,
Trésor du laboureur,
Valentin et Orson,
Vert et bleu,
Vie de sainte Anne,
Vie des douze Apôtres,
Vie de Cartouche,
Vie de saint Fiacre,
Vie de Mandrin,
Vie de sainte Reine,
Visions de Quevadot.

VIE
DE NAPOLÉON
BONAPARTE,

EMPEREUR ET ROI DES FRANÇAIS.

ET RELATION

DES VICTOIRES REMPORTÉES PAR LES ARMÉES FRANÇAISES, SOUS LES ORDRES DE CE GRAND GÉNÉRAL.

A TROYES,

CHEZ BAUDOT, IMPRIMEUR-LIBRAIRE
RUE DU TEMPLE.

1832.

VIE
DE NAPOLÉON
BONAPARTE.

Napoléon Bonaparte naquit le 15 août 1769, à Ajaccio, dans l'île de Corse, réunie à notre territoire en 1768; c'est donc à tort que quelques biographes ont voulu lui contester le titre de Français.

Charles de Bonaparte et Lætitia Ramolino, son épouse, eurent huit enfans: Napoléon fut le second. Son père, homme d'esprit et magistrat distingué, ayant été choisi par les États de sa patrie pour représenter la noblesse en France, emmena avec lui sa famille, et fit recevoir Napoléon, alors âgé de 11 ans, à l'École militaire de Brienne, en qualité d'élève du Roi. Étranger aux jeux de ses camarades, il se montre silencieux et méditatif. En 1783 il est admis à l'école militaire de Paris, où les études étaient plus sévères. Là, le jeune élève se plaça bientôt au rang de ses camarades qui donnaient les plus belles espérances; et, celui qui devait occuper le premier trône du monde, n'avait encore que 16 ans lorsqu'il fut admis en qualité de lieutenant d'artillerie, époque à laquelle il venait de perdre son père, mort à Montpellier. En 1792, Napoléon, nommé capitaine de la même arme, embrassa avec chaleur les principes de la révolution, tandis que la plupart de ses camarades allaient volontairement mendier à l'étranger le secours de ses armes pour repousser les idées généreuses qui dominaient tout à coup cette nation si long-temps comprimée. Telle est l'impulsion donnée à une fortune qui ne s'arrêtera plus qu'après avoir placé son protégé au premier rang des puissances de la terre.

Menacée de tous côtés, la France n'attendait plus son salut que du génie et de la bravoure de ses soldats. Napoléon préludait à ses victoires par la prise de Toulon, dont les Anglais s'étaient emparé par la trahison cinq mois auparavant, ce qui lui valut le grade de chef de bataillon. La république, sur la demande de Barras, devait faire détruire la ville. Il était décidé que 12,000 maçons des départemens environnans seraient requis d'accourir avec leurs outils pour la raser en moins de quinze jours.

Appelé à l'armée d'Italie, en qualité de général de brigade, à l'âge de 26 ans, Napoléon porta, à ce nouveau poste, son génie et l'ascendant qu'il exerçait. Aidé de Masséna, l'ennemi, battu dans plusieurs rencontres, abandonne toutes ses positions, et se serait vu contraint de demander la paix, si Napoléon n'eût été choisi par le représentant Barras pour soumettre à la Convention (13 vendemiaire) les sections soulevées contre elle. Ici commence pour notre jeune héros une suite de succès qui ne doivent s'arrêter qu'à sa dernière campagne de Russie. Il venait d'épouser Joséphine, veuve du général Beauharnais, mort sur l'échafaud révolutionnaire, lorsqu'il reçut le commandement de l'armée d'Italie, forte seulement de quarante-cinq mille hommes. Il trouva les soldats presque nus, manquant de vivres, à peine armés et très-mécontens ; aussi leur fit-il cette harangue d'une voix ferme :

CAMARADES,

« Vous manquez de tout au milieu de ces rochers ; jetez les yeux sur les riches contrées qui sont à à vos pieds, elles nous appartiennent, allons en prendre possession. »

En moins de six jours il bat les Autrichiens et les Piémontais. Cette courte campagne mit en notre pouvoir quarante pièces de canon et douze mille prisonniers, conquis sur des ennemis qui comptaient plus de quatre-vingt mille combattans ; nous occupons tout le Piémont ; les Autrichiens se retirent sur le Milanais ; l'armée se porte rapidement sur Lodi ; Napoléon, secondé par l'intrépide Masséna et par le prudent Berthier, conquiert ce pont redoutable, défendu par dix mille Autrichiens et trente pièces de canon. Vainqueur à Montenotte, Millésimo, Mondovi ; maître des places de Coni, Tortonne, Ceva et d'Alexandrie, Napoléon fait son entrée à Milan, après avoir versé dans le trésor de la république plus de 50 millions : fait inconnu jusqu'alors dans les fastes de la guerre, d'une armée secourant l'état de ses deniers, au lieu d'être secourue par lui.

Malgré des faits d'armes qui plaçaient déjà Napoléon au rang d'Annibal et de César, l'hydre autrichienne se débattait encore : elle croit disputer la palme du vainqueur aux républicains ; mais les batailles de Lodi, de Salo, de Lonato, de Castiglione d'Arcole, achèvent de porter la terreur dans les rangs ennemis: il leur fut fait vingt mille prisonniers. C'est en avançant sur Arcole qu'un obus vint sur Napoléon; le brave Muiron le couvrit de son corps, et tomba mort au pied de celui qu'il venait de sauver. Cette nouvelle campagne se termine par la prise de Mantoue, où le général Wurmser venait de se réfugier; il ne dut sa liberté qu'à la générosité du vainqueur, qui le renvoya à Vienne avec sa garnison; exemple d'un procédé inconnu jusqu'ici dans les fastes de la guerre. Cette campagne fut immédiatement suivie de celle des États romains, et Napoléon constitua les républiques *cisalpine et ligurienne*, pour les opposer à la main d'Autriche, qui, comme on l'a vu de tous temps, n'offrit que des fers aux malheureux Italiens.

Au 18 fructidor, véritable coup-d'état de la majorité des directeurs contre la minorité, Bonaparte ne joua qu'un rôle secondaire. En se rendant à Paris, il n'eut d'autre but que de recueillir les témoignages affectueux de ses compatriotes pour les victoires qu'il venait de donner à la république, et pour le traité de paix de Campo-Formio, qui en avait été la suite.

Cependant le Directoire, auquel Napoléon portait ombrage, saisit avec empressement le projet de l'expédition d'Égypte; le vainqueur de Toulon fait entendre cette harangue aux braves d'Italie :

Soldats,

« Vous avez fait la guerre des
« montagnes, des plaines et des sié-
« ges : il vous reste à faire la guerre
« maritime. Les légions romaines,
« que vous avez imitées quelquefois,
« mais pas encore égalées, combat-
« taient Carthage, tour-à-tour, sur
« cette même mer et aux plaines de
« Zama. La victoire ne les abandon-
« na jamais, parce que, constam-

« ment, elles furent braves, patientes
« à supporter la fatigue, disciplinées
« et unies entre elles.... Le génie de
« la liberté qui a rendu, dès sa nais-
« sance, la république arbitre de
« l'Europe, veut qu'elle le soit des
« mers et des nations les plus loin-
« taines, etc. »

Ce discours fit éclater le plus vif
enthousiasme; on partit le 19 mai
1798. La conquête de Malte ne coûta qu'une halte militaire; et après
un débarquement opéré avec célérité, la ville d'Alexandrie fut emportée d'assaut le 2 juillet de la même
année, avant que sa garnison eût le
temps de capituler. Napoléon laisse
le commandement de cette ville au
gén^{al} Kléber, et marche sur le Caire.
Les premières rigueurs de cette campagne attendent l'armée dans le désert, où la soif lui impose une pri-
vation nouvelle. Arrivés à quelque
distance du village de Chebreïs, nos
soldats s'arrêtent accablés de fatigue
et de chaleur; mais surtout frappés

d'étonnement par le spectacle nouveau qui se présente à eux. Ils voient pour la première fois ces Mameluks en costumes magnifiques, ces masses pyramidales, indestructibles témoins de la vanité des hommes.

L'œil de lynx de Napoléon a saisi sur tous les visages l'impression qu'un tel aspect devait produire : « Soldats ! « s'écrie-t-il, en étendant le bras vers « les Pyramides, et en donnant l'ordre « de se préparer au combat, *songez que du haut de ces monumens quarante siècles vous contemplent.* Cette harangue, aussi éloquente que brève, acheva d'exalter nos soldats, qui luttèrent héroïquement pendant 19 heures contre les charges impétueuses des Mamelucks, dont 3000 périrent dans cette journée; 40 pièces de canon, 400 chameaux, les trésors, les armes et les magasins de l'ennemi en furent les trophées. Il établit dans cette ville une bibliothèque, un cabinet de physique, un un observatoire, un jardin de botanique, un théâtre, des journaux, etc.; enfin les sciences et les arts trouvèrent une patrie au milieu d'un pays conquis.

Tandis que Napoléon fondait dans cette colonie des institutions européennes, l'orage se formait au-dessus de sa tête. D'après un manifeste que venait de lancer le Grand-Seigneur, toute l'Égypte était en armes. Partout la révolte avait éclaté; le Caire, où les Arabes armés s'étaient introduits, en devint aussitôt le théâtre sanglant, et durant un jour entier, les Français furent massacrés dans les rues et jusque dans leurs maisons; mais un châtiment terrible et soudain atteignit les coupables. Napoléon, de retour du vieux Caire, où il se trouvait, entre dans la ville nouvelle avec de l'artillerie, et foudroie la grande mosquée, refuge des séditieux... Ils demandent grâce, et ne l'obtiennent point : ils sont livrés à la juste vindicte du soldat français. Cet exemple rigoureux apaisa la sédition.

L'expédition de Syrie est résolue. Une marche de 60 lieues dans le désert fait encore ressentir à l'armée l'aiguillon terrible de la soif; son tourment finit à Gaza, qui ouvre ses portes aux Français; à Jaffa, il fit une proclamation; mais les habitans égarés n'ayant point voulu se rendre, il les livra tous, dans sa colère, au pillage et à la mort. Il s'y trouvait environ 5000 hommes de troupes; il les a tous détruits.... Un voile doit être jeté sur ce tableau!

Les généraux, alarmés des progrès effrayans de la peste qui vient de se déclarer, déterminent Napoléon à former à Jaffa un hôpital de pestiférés. L'armée se dirige sur Saint-Jean-d'Acre, mais avant d'y arriver, Nazareth, Tyr et le Mont-Thabor ont retenti des attaques impétueuses de nos soldats. Kléber et Murat recueillent les palmes de cette campagne; officiers et soldats s'y couvrent de gloire. Mais ici la fortune suspend le cours des triomphes de nos braves.

Il fallait être bien audacieux pour oser faire le siége de St-Jean-d'Acre, au milieu de la Syrie, avec seulement 12,000 hommes. Le premier combat, sous les murs de cette ville, eut lieu le 16 mai; les efforts de l'ennemi nous forcèrent à lever le siége après 60 jours de tranchée ouverte et 8 assauts, et à reprendre la route du Caire; mais sous quelles auspices! L'horrible fléau de la peste continue ses ravages : une caravane de pâles malades se dirige lentement vers la capitale de l'Égypte à l'aide des chevaux de l'artillerie ; 60 pestiférés sont laissés à Jaffa, ne pouvant être transportés. Napoléon ne donna point l'ordre d'empoisonner ces malheureux, comme ses ennemis l'ont prétendu, puisque les Anglais en recueillirent plusieurs sur le bord de la mer.

Arrivé au Caire, le général apprit qu'une flotte de 100 voiles turques menaçait Alexandrie, et que le fort d'Aboukir venait d'être pris par les

Turcs le 16 juillet 1799. Napoléon vole au combat : la position qu'il prend lui est inspirée par un génie naturel. Il attaque, et peu d'heures lui suffisent pour détruire une armée forte de dix-huit mille combattans, que protégeaient des retranchemens formidables, et une artillerie nombreuse. Dix mille hommes sont jetés dans la mer, le reste est pris ou blessés.

Averti par une correspondance amicale que sa présence était nécessaire à Paris, Napoléon remet le commandement de l'armée d'Orient au général Kléber et arrive à temps pour se rendre compte de la position de la France. Le 10 novembre 1799, le général Bonaparte reçut un ordre qui le chargeait de transférer les Conseils à St-Cloud. Dès qu'il eut harangué les militaires, il court au Conseil des Anciens avec trois régimens de cavalerie, et après avoir prononcé un discours, il se rend aussitôt avec son état-major au Directoire, pour les avertir aussi de se rendre à St.-Cloud ; mais plusieurs membres, frappés de cet appareil militaire, proposent de faire arrêter et fusiller Bonaparte ; aussitôt il fait cerner le luxembourg, et le Directoire tombe sans résistance. Le lendemain Napoléon marche vers St.-Cloud, et se rend au Conseil des Anciens, où il fait entendre un discours énergique sur les dangers de la France, au-devant desquels il se hâte de courir. De-là il se rend au Conseil des Cinq-Cents ; son cortége s'était augmenté de quelques grenadiers. Une fougueuse et hostile opposition se manifesta ; on dit même qu'un poignard fut levé sur sa personne. En ce moment le général Lefebvre se précipite dans la salle, avec un piquet de grenadiers, en s'écriant *Sauvons notre général*. Napoléon est enlevé avant d'avoir pu proférer un seul mot, et la dissolution du Conseil est opérée par la force des baïonnettes.

Déja nos commissaires envoyés en Angleterre, obtiennent l'échange des infortunés prisonniers de guerre qui gémissaient dans les prisons flottantes appelées *pontons*. Les proscrits de fructidor sont rappelés; et la clémence d'un gouvernement assez fort pour cesser d'être sévère, accueille la soumission des Vendéens. Le peuple, après dix ans de guerre, commençait à recueillir les premiers fruits de la révolution. Des propositions de paix avaient été faites à l'Autriche en même temps qu'à l'Angleterre, mais ces deux puissances les rejetèrent. L'Autriche, aidée de la Bavière, réunissait contre nous toutes ses forces militaires; mais les Français, ayant répondu à l'appel que leur faisait leur général, soixante mille hommes furent aussitôt réunis sous les murs de Dijon, et en quelques mois ils arrivèrent au pied des Alpes.

Napoléon donne l'ordre de détacher les canons de leurs affûts, des troncs d'arbres creusés les reçoivent. Les affûts, les roues, les munitions sont transportés, à force de bras, à travers les glaciers, tandis que les jeunes soldats bravent, en chantant, les difficultés que leur opposent un chemin presque inaccessible, les avalanches, les tourbillons et la rigueur du froid. Cette marche héroïque dura 24 heures; le trajet était de quatorze lieues.

Des dangers d'une autre nature attendaient l'armée au fort Bart: cette citadelle fermait la vallée d'Aost; il fallait l'enlever ou s'ouvrir un passage sous ses batteries. Malgré les efforts de l'intrépide Dufour, chef de la 58ᵉ demi-brigade, le fort ne peut être emporté. Un défilé est découvert sur les roches d'Albado; il est encore commandé par le canon de l'ennemi; mais une pièce de quatre, montée sur un pic, à plus de 400 mètres d'élévation, protége la marche de nos soldats.... le terrible défilé est franchi, au moment où une

seconde pièce, établie sur un clocher, vient de faire crouler une tour du château, et de forcer sa garnison à capituler. Vers la fin de cette glorieuse journée, le premier Consul, accablé de fatigue, s'était arrêté sur la route et s'endormit ; les colonnes défilèrent silencieusement devant lui. Napoléon se réveillera, mais ce sera pour culbuter les Autrichiens, et faire son entrée à Milan le 23 avril. Le 14 juin suivant notre armée a pris position près du village de Mareng », qui fut pris et repris plusieurs fois. Le succès de la journée semblait se ranger sous les drapeaux autrichiens ; l'inquiétude était sur tous les visages ; mais en voyant le premier Consul parcourir les rangs, l'espoir rentra dans tous les cœurs. « Fran-
« çais, dit-il, c'est avoir fait trop de
« pas en arrière ; le moment est ar-
« rivé de marcher en avant ; souve-
« nez vous que mon habitude est de
« coucher sur le champ de bataille. »
Les divisions Desaix s'élancent en

colonnes serrées sous le feu de l'ennemi; la victoire a revolé sous nos drapeaux; une colonne de 5000 Hongrois met bas les armes. Le nom de Marengo va s'inscrire sur la liste de nos triomphes! mais le brave Desaix surnommé par les Arabes le *Sultan juste*, est frappé mortel ement; et par une fatale conformité, le même jour Kléber est assassiné au Caire par un jeune fanatique.

Cette sanglante bataille avait duré 18 heures; elle coûta à l'ennemi vingt mille hommes tués, blessés ou prisonniers, douze drapeaux et trente pièces de canon. Les effets immédiats de ce grand événement, furent l'occupation du Piémont et la délivrance de la Lombardie : 18 jours après, Bonaparte fut de retour à Paris.

Des chouans, qui n'avaient plus d'espoir que dans sa mort, projetèrent son assassinat. Le 24 déc. 1800 à 8 heures du soir, le premier consul devait se rendre à l'opéra: les conjurés placèrent un tonneau de poudre sur une petite charrette qui embarrassait le passage. A l'heure indiquée Bonaparte partit des Tuileries et traversa la rue saint Nicaise. Son cocher fut assez adroit pour passer entre la charrette et la muraille; mais le feu avait déjà été mis à la mèche, et à peine la voiture fut-elle au bout de la rue, que la *machine infernale* fit explosion, couvrit le quartier de ruines et ébranla la voiture dont les glaces furent brisées; les coupables furent arrêtés, et plusieurs condamnés à mort : l'un d'eux, M. Polignac, qui expie aujourd'hui, dans une prison d'état, le crime d'avoir aidé le roi Charles X à faire mitrailler les Parisiens, ne dut sa grace qu'à la générosité du premier Consul.

Menacé de nouveau dans sa capitale, l'empereur d'Autriche luttait encore contre nos troupes victorieuses; mais de nouveaux succès obtenus par le général Brune, le forcèrent à solliciter la paix, qui fut signée à Lunéville, le 9 février 1801, laquelle nous garantissait la rive gauche du Rhin.

Le sénat proclama Napoléon Bonaparte consul à vie : aussitôt les ministres du culte furent rappelés du sol de l'exil ; la piété française relevait partout les autels ; il rouvrit aux émigrés l'accès de la patrie ; leur rendit les biens qui n'avaient pas été vendus, et les admit aux emplois publics.

La légion d'honneur fut créée le 19 mai 1802, pour prix des services rendus à l'État.

L'animosité de l'Angleterre se réveilla contre la France, par la rupture du traité d'Amiens. Aussitôt des bâtimens sont construits dans tous les ports, de nombreuses compagnies de canonniers sont organisées sur les côtes ; cent soixante mille hommes forment le camp de Boulogne, prêts à exécuter le projet du Consul de faire une descente en Angleterre, projet dont on riait beaucoup plus à Paris qu'à Londres.

Le 18 mai 1804, Bonaparte, sous le nom de Napoléon 1er, fut proclamé empereur des Français, par le Sénat et le corps législatif, et le 2 décemb. suivant, il fut couronné par le pape dans l'église Notre-Dame. Ainsi finit cette république pour l'établissement de laquelle tant de sang avait coulé.

Les solennités dont l'avénement de Napoléon au trône impérial fut l'occasion, ne lui firent pas perdre de vue ses projets contre les Anglais; aussi ceux-ci hâtèrent-ils la conclusion de l'alliance qu'ils sollicitaient auprès de la Russie, de l'Autriche et de la Suède; elle fut signée le 11 avril 1805.

A la nouvelle de l'invasion de la Bavière par les Autrichiens, l'Empereur vole au secours de son allié avec l'armée de Boulogne, à laquelle venait de se joindre les colonnes amenées de Hollande et de Bavière par le maréchal Bernadotte. Toutes ces troupes réunies reçurent, pour la première fois, le nom de *Grande Armée*. Après avoir délivré la capitale de son allié, il passe le Danube, en forçant le pont d'Elchingen, que défendaient quinze mille Autrichiens, et après avoir contraint leur général à s'enfermer dans Ulm, il se rend maître de cette place, sur les glacis de laquelle défilent devant lui trente mille prisonniers avec leur général en chef. D'un autre côté les Autrichiens, sous les ordres du prince Ferdinand, opéraient leur retraite; atteint à Nuremberg par la cavalerie de Murat, seize mille hommes, dix-huit généraux, cinquante canons et quinze cents caissons lui sont enlevés par les Français. En même temps le maréchal Masséna attaque l'archiduc Charles, lui prend cinq mille hommes à Caza-Albertini, et l'Empereur, après avoir fait son entrée à Vienne le 13 novembre, marche de suite à la rencontre des Russes.

L'empereur Alexandre et l'empereur d'Autriche établissaient leur quartier général à Prosnitz, pour y attendre des renforts qui devaient porter l'effectif de leur armée à cent mille combattans, qu'ils devaient concentrer sur le village d'Austerlitz; la nôtre était forte seulement de soixante dix mille hommes.

C'est le 2 décemb. 1805, au lever du soleil, que commence la bataille d'Austerlitz : le maréchal Lannes et Murat guidaient notre gauche; notre droite était commandée par le maréchal Soult. Les Russes attaquent les premiers; mais foudroyés par les batteries françaises, ils éprouvent un échec considérable. Pratzen, Telnitz et Austerlitz leur sont enlevés; six mille hommes se noient dans l'étang de Sokolnitz; peu de temps après les lacs glacés de Monitz, sur lesquels deux corps russes veulent effectuer leur retraite précipitée, engloutissent plus de 20 mille homm., cinquante pièces de canon et un matériel immense. L'humanité frémit au souvenir d'un tel désastre!..... la presque totalité de ces deux colonnes périt. Durant ces événemens décisifs, le maréchal Bernadotte reçoit, au centre, le choc de cette garde impériale russe proclamée invincible; la garde impériale française était là: la lutte ne dura qu'un instant. Les masses du nord furent enfoncées, et la réserve de vingt bataillons, commandée par le gén^{al} Oudinot, n'eut pas besoin de donner. Les débris de l'armée ennemie, entrainés loin du champ de bataille, ne purent se rallier qu'à Hadiegitz, où la nuit vint à leur secours.

La bataille d'Austerlitz coûta aux alliés soixante-dix mille hommes, dont quarante mille tués ou noyés, et trente mille prisonniers; cent cinquante pièces de canon, quarante-deux drapeaux; les étendards de la garde russe; quinze officiers généraux tués ou pris : nous perdîmes deux mille hommes dans cette glorieuse journée; cinq mille furent blessés. La présence des empereurs Napoléon, Alexandre et François à Austerlitz, fit surnommer la bataille livrée près de ce lieu *la Bataille des trois Empereurs.* Elle mit le comble à la gloire de Napoléon, et plaça la France au-dessus de toutes les puissances de l'Europe. Après ce grand événement l'empereur d'Autriche vint en personne au camp de Napoléon demander la paix. Le vainqueur le reçut dans une misérable chaumière, où elle fut signée le 26 déc. Là se termine, après moins de deux mois, cette campagne merveilleuse, qui finit par une des plus belles victoires que présentent les annales des temps modernes. Napoléon commença alors sa distribution de trônes. Joseph, son frère aîné, fut nommé roi de Naples, et plus tard roi d'Espagne; Jérôme, roi de Westphalie; et la Hollande, érigée en royaume, reconnut pour son souverain Louis Bonaparte.

Malgré nos succès, l'empereur de Russie ne voulut point signer la paix; le roi de Prusse, qui venait de réunir cent-cinquante mille hommes,

3

devint son allié. A la première affaire, l'ennemi est battu à Hoffl, à Schleitz, à Saafeld. Dans cette dernière action, le prince Henri, frère du roi de Prusse, reçut la mort, n'ayant pas voulu se rendre à un sous-officier du 3ᵉ rég. de hussards.

Le 14 octobre 1806, une affaire générale s'engagea sur le plateau d'Iéna. La victoire ne balança pas un instant à se ranger sous nos drapeaux. Le vieux duc de Brunswick, qui commandait l'armée prussienne, avait laissé prendre position sur ses derrières par les maréchaux Soult et Ney; et cinquante mille Prussiens sont culbutés par le maréc^al Davoust dans les défilés de Koesen. La bataille d'Iéna réduisit à de faibles débris cette fière armée qui, le matin même, menaçait les rives de la Seine. Vingt mille Prussiens restèrent sur le champ de bataille d'Iéna et d'Auerstadt; soixante drapeaux, huit cents pièces de canon, trente mille prisonniers, trente généraux furent les trophées de ces deux batailles. Le duc de Brunswick y fut blessé mortellement. A Erfurth, quatorze mille hommes capitulent. Blucher fuit devant le prince Murat; le prince de Wurtemberg, avec vingt-cinq mille hommes de troupes fraîches, est battu à Halle par Bernadotte; la division Legrand culbute à Magdebourg un corps prussien que le roi venait d'y rallier; le maréchal Lannes s'empare de vive force de Spando; Napoléon entre à Postdam, s'empare de l'épée du grand Frédéric*, conquise sur son tombeau même, et dit, en saisissant ces nobles trophées: « J'aime mieux « cela que vingt millions; je les en- « verrai à mes vieux compagnons « d'armes. J'en ferai présent au gou- « verneur des Invalides, qui les gar- « dera comme un témoignage mé- « morable des victoires de la grande

* C'étoit Frédéric qui avoit dit : « Si j'a- « vois l'honneur d'être Roi de France, il ne « se tireroit pas en Europe un seul coup de « canon sans ma permission. »

« Armée. » Enfin le 25, Napoléon entre en vainqueur à Berlin.

De son côté, Murat fait déposer les armes au prince de Hohenlohe, lui prend vingt mille hommes, quarante-cinq drapeaux, soixante pièces de canon, et fait le prince prisonnier. Blucher capitule à Schwartau, sur le territoire danois : quinze mille prisonniers, quarante canons et des drapeaux nous sont abandonnés par lui. Lubeck, que les Prussiens défendaient avec le courage du désespoir, est emporté d'assaut par le général Drouet. Savary bat les Suédois à Rostow, et leur prend cinquante bâtimens.

Durant cette succession rapide d'événemens, Frédéric-Guillaume, roi de Prusse, qui trois fois avait demandé une suspension d'hostilités, que Napoléon venait d'accorder, ayant appris que l'empereur de Russie, son allié, envoyait des troupes pour le secourir, refusa de ratifier l'armistice que lui-même avait sollicité, ce qui força Napoléon à se remettre en marche. Arrivé à Posen le 16 décembre, il passe aussitôt la Vistule, reconnaît les retranchemens des Russes sur l'Ukra, et fait jeter sur cette rivière un pont que le général d'artillerie Lariboissière a terminé en deux heures. Les Russes perdent en trois jours quatre vingt bouches à feu, douze mille hommes presque tous leurs équipages.

La Russie se mesura, pour la troisième fois, avec la France; vaincue à Zurich, vaincue à Austerlitz, elle le fut encore à Eylau et a Friedland: la bataille d'Eylau, où la victoire fut si vaillamment disputée par l'ennemi, fut une des plus sanglantes de l'époque; sept mille Russes restèrent sur le champ de bataille, et après le combat seize mille blessés furent transportés à Kœnisberg ; soixante-cinq pièces de canon et quarante-cinq drapeaux furent conquis par nous dans cette journée. L'armée française perdit deux mille braves ;

il y eut dix mille blessés; de ce nombre était le maréc¹ Augereau.

L'Empereur, malgré les avantages soutenus de ses armes, s'occupait du rétablissement de la paix européenne; mais, malgré son désir sincère de traiter, voyant les souverains alliés refuser d'arrêter l'effusion des torrens de sang humain qui coulaient presque sans interruption depuis 14 ans, il se décida à acheter la paix par de nouveaux combats.

La bataille de Friedland, où nos troupes cueillirent de nouveaux lauriers, fut livrée le 14 juin 1807, anniversaire de la victoire de Marengo; elle fait le plus grand honneur aux maréchaux Berthier, Ney, Mortier, Soult, Lannes et Murat. La garde de l'empereur Alexandre, embusquée dans un ravin, tombe à l'improviste sur la gauche de Ney, qu'ébranle un instant cette attaque imprévue; mais l'intrépidité de la division Dupont prend l'offensive, et la garde russe est écharpée: la victoire est à nous. Alors, l'ennemi se replie en désordre sur Friedland, où le maréchal Ney pénètre après lui, en franchissant des monceaux de morts et de mourans.

L'ennemi laissa 15 mille hommes sur le champ de bataille ; vingt-cinq de ses généraux furent tués ou blessés ; dix canons, un matériel considérable, plusieurs drapeaux et un grand nombre de prisonniers, tombèrent au pouvoir du vainqueur : Cette journée couvrit de gloire toute l'armée. La guerre fut réellement terminée à Friedland ; car le 16, le maréchal Soult occupait Kœnisberg ; Napoléon était à Tilsitt le 19 juin ; le 25, l'entrevue des deux empereurs eut lieu. Napoléon et Alexandre s'abordèrent sur le radeau construit au milieu du Niémen ; là, ils s'embrassèrent avec une sorte d'effusion, et restèrent seuls deux heures dans le salon qui leur avait été préparé dans l'intérieur du pavillon. Le lendemain une seconde entrevue eut lieu sur le radeau; le roi de Prusse y fut admis, et la paix fut signée entre la France et la Russie, le 7 juillet 1807, et avec la Prusse le 9 juillet.

Le retour de l'Empereur dans sa capitale, excita un enthousiasme général. Partout on lui offrit des fêtes brillantes; les soldats de la grande armée furent accueillis, sur leur passage, par des acclamations unanimes.

Le Portugal, malgré les conventions conclues avec Napoléon, continuait d'ouvrir ses ports aux marchandises anglaises, qu'il répandait avec profusion dans l'Europe méridionale; aussi, la France devait-elle cesser toutes relations amicales avec ce pays. Le 17 oct. 1807, le général Junot, à la tête de vingt-six mille combattans, auxquels se réunirent quelques divisions espagnoles, marchèrent sur le Portugal, et firent leur entrée à Lisbonne le 30, au milieu d'une population de trois cent mille âmes; n'ayant avec lui qu'une avant-garde de 400 hommes, sans cavalerie, sans artillerie, sans munitions.

Pendant que ces événemens se passaient en Portugal, une armée de quatre-vingt mille Français entrait en Espagne; les places fortes même leur sont ouvertes. Les Espagnols voient dans nos soldats des protecteurs venant les secourir contre les factions qui divisaient leur pays. Napoléon s'annonça comme médiateur; il manda près de lui le vieux roi et son successeur: l'entrevue eut lieu à Bayonne en juin; une double abdication s'en suivit. Les deux princes déchus furent envoyés en France comme prisonniers; et Joseph, paisible possesseur du trône de Naples, fut appelé à régner en Espagne.

Le voile venait d'être déchiré violemment par un acte dont rien ne peut atténuer la déloyauté; les projets de l'Empereur se montraient dans tout leur jour. On connaît le caractère espagnol : la vengeance s'y cache sous les apparences de la plus parfaite sérénité ; aussi, le calme ne fut-il pas de longue durée : des troupes de guérillas se forment. Enfin l'incendie, d'abord caché, se manifeste : les Français isolés sont égorgés sur tous les points. Les circonstances étaient graves en Espagne, ou deux cent mille combattans étaient opposés à notre armée, de plus en plus affaiblie par l'épidémie régnante.

L'Empereur, qui venait de consolider ses relations amicales avec Alexandre, sent qu'il est temps de de se porter sur les rives du Tage, de l'Èbre et du Guadalquivir. Il se fait précéder par une partie de la Grande Armée ; et après différens combats à Bilbao, à Espinosa, etc., il entre victorieux à Madrid dans les premiers jours de décembre. Ayant appris quelques temps après qu'une armée anglaise, commandée par le général Moore, s'avançait sur Valladolid, il l'atteignit par la route de

Madrid, et la culbuta. Néanmoins, ce général parvint à gagner la Corogne, où il fut suivi de près par le maréchal Soult. Le 19 janvier 1809, un combat opiniâtre s'engagea sous les murs de cette ville; Moore y fut tué, et deux mille cinq cents des siens restèrent sur le champ de bataille. La retraite de ce corps anglais lui avait coûté 9 mille homm., dix mille chevaux et une partie de son artillerie. On trouva à la Corogne, qui se rendit le 20, deux cents pièces de canon et vingt mille fusils.

Presque toute l'Espagne était alors soumise: l'Empereur, rappelé dans la capitale par les démonstrations hostiles de l'Autriche, dut quitter son armée. Il envoya demander aussitôt à l'empereur François la cause des armemens qu'il organisait: il fit réponse que c'était dans la crainte d'une attaque de la part des Turcs; mais l'empereur jugea que le monarque allemand ne cherchait qu'à gagner du temps; aussi, ne lui laissat-il pas la facilité d'en obtenir. Il arrive le 16 mars 1809 à Dillingen, et le 22 avril suivant, le prince Charles, général en chef de l'armée autrichienne, avait perdu la bataille d'Eckmuhl. Dans cette action cinq mille hommes tués, quinze mille prisonniers, douze drapeaux et seize canons furent enlevés à l'ennemi. Les honneurs de cette bataille furent décernés au maréchal Davoust, qui reçut le titre de *prince d'Eckmuhl.*

Le 23, l'archiduc Charles avait passé le Danube, et nos troupes occupaient Ratisbonne, qu'elles avaient emportée d'assaut. C'est sous les murs de cette place que Napoléon, atteint au pied droit par une balle, dit froidement : « Ce ne peut être qu'un « Tyrolien qui m'ait ajusté de si loin ; « ces gens sont fort adroits. » A peine si l'Empereur voulut s'arrêter pour faire visiter sa blessure ; le chirurgien en chef Larrey dut la panser en quelque sorte à la dérobée.

Napoléon se remit en marche avec

l'armée le 26 avril, après avoir chargé le maréchal Davoust de rejeter le prince Charles dans la Bohême, et former ainsi l'arrière-garde de la grande Armée. Nous signalerons l'entrée des maréchaux Lannes et Bessières à Wels, et celle du général Oudinot à Ried; le trait brillant du chef d'escadron Margaron, qui, avec cinquante chasseurs, désarme un bataillon de Landwehr; et la belle action du commandant Trinquelye, qui, à la tête de deux régimens de la confédération, met en déroute une division ennemie. Mais à Ebersberg, le général Claparède paya cher la gloire qu'il acquit: opposé avec six a sept mille hommes à trente-cinq mille Autrichiens, à l'extrémité d'un pont qui venait d'être incendié derrière lui, il vit périr, dans un combat trop inégal, une grande partie des braves qu'il commandait.... C'en était fait du surplus et de lui-même, sans les généraux Legrand et Durosnel, qui parvinrent à franchir le fleuve avec quelques régimens et un petit nombre de cavaliers. L'ennemi, frappé de crainte à la vue de ce faible renfort, se retira précipitamment, laissant à Ebersberg douze mille hommes tués ou prisonniers.

Napoléon, avec le corps du maréchal Lannes, marchait directement sur Vienne : le 10 mai les faubourgs de cette capitale se rendirent sans résistance; mais l'archiduc Maximilien, renfermé dans la place avec seize mille hommes, avait juré de s'ensevelir sous ses ruines, plutôt que de capituler. Ce serment était noble; ce qui l'est moins c'est que le prince laissa assaillir par une populace effrénée le général Lagrange, envoyé en parlementaire auprès de lui; ce brave officier rentra couvert de blessures au quartier-général français. Napoléon se vit, à regret, forcé de bombarder la ville : dix-huit cents obus y avaient éclaté, lorsqu'un colonel autrichien vint annoncer qu'une jeune archiduchesse, restée malade dans le palais de l'Empereur, était exposée au feu de nos batteries.... C'était cette même Marie-Louise qui, un an plus tard, devait faire son entrée à Paris au bruit d'une artillerie moins redoutable. Napoléon fit à l'instant changer la direction des obusiers. Le prince Maximilien quitta Vienne pendant la nuit, et le lendemain le général qui le remplaçait fit demander une capitulation, qu'il obtint. Les Français entrèrent dans la capitale de l'Autriche le 13; la garnison fut prisonnière.

Le 21, l'archiduc Charles se présenta à notre armée avec quatre-vingt-dix mille hommes, et après une vigoureuse résistance de part et d'autre, le village d'Essling est pris et repris plusieurs fois. Mais au moment où le vainqueur de Montebello (le maréchal Lannes) parcourt le front de son corps, et promet la victoire à ses soldats, il tombe frappé d'un boulet qui lui brise le genou :

l'amputation fut faite, mais le blessé ne put supporter la fièvre... Il expira dans les bras de l'Empereur !

Sans doute cette journée, à-la-fois honorable et désastreuse pour nous, fut marquée par des pertes irréparables ; mais elle coûta plus cher aux Autrichiens ; ils perdirent plus de quinze mille hommes, tués ou mis hors de combat, parmi lesquels on compta quatre feld-maréchaux, huit généraux et six cents officiers ; quatre drapeaux et quinze cents prisonniers restèrent en notre pouvoir.

On avait travaillé depuis le matin à la réparation des ponts ; mais l'ennemi contrariait les travaux, en lançant dans le fleuve des arbres, des radeaux, des barques chargées de pierres. Profondément affligé de l'extrémité où se trouvaient réduits douze mille Français blessés qui se pressaient sur la rive gauche du Danube, Napoléon donnait des ordres pour hâter le passage de ces infortunés, qui s'opéra aussitôt qu'on fut parvenu à lier quelques pontons. Avant de quitter le champ de bataille, Napoléon avait fait donner l'ordre au maréchal Masséna de se mettre en retraite sur l'île : au point du jour il n'y avait plus de Français sur la rive gauche; le pont était retiré.

D'affreuses privations furent imposées pendant trente-six heures aux troupes enfermées dans l'île de Lobau; presque tous les blessés périrent faute de secours. Mais l'ennemi ne sut pas profiter de cette extrémité; nos revers ne furent que passagers. La victoire devait, durant trois ans encore, étendre ses ailes sur nos légions.

Le 6 juillet eut lieu la bataille de Wagram, qui fut dirigée par l'Empereur avec une grande supériorité de talent, et dont les ordres furent exécutés avec beaucoup de précision par ses généraux. L'ennemi perdit dans cette journée 4000 hommes, restés sur le champ de bataille; il eut neuf mille blessés, dix-huit mille prisonniers, quarante pièces de canon et dix drapeaux furent abandonnés. Nous eûmes à regretter deux mille six-cents hommes tués; le nombre de nos blessés s'élevait à plus de six mille. Le 11 juillet, le prince de Lichstenstein vint proposer un armistice, qui fut signé dans la nuit.

Tandis que nos plénipotentiaires et ceux de l'Autriche traitaient pour la conclusion de la paix, l'Angleterre menaçait nos ports; mais le maréchal Bernadotte, qui fut envoyé à Anvers, fit de si heureuses dispositions, qu'elle ne put mettre son projet à exécution. L'armée anglaise, concentrée dans l'île de Walcheren, où elle était débarquée, y fut bientôt atteinte d'une terrible fièvre, qui lui enleva onze mille hommes; il fallut rembarquer promptement le surplus, pour le soustraire à la mort.... la terre de l'île ne suffisait plus aux tombeaux.

La paix de Vienne n'était pas encore signée, lorsqu'un jeune insensé tenta d'assassiner Napoléon au moment où il passait une revue. Ce fanatique s'élance brusquement pour frapper l'empereur, mais le maréchal Berthier détourne son bras, et le général Rapp le saisit. L'audacieux Allemand ne nie point son dessein, aussi fut-il condamné. Le traité de paix avec l'Autriche fut signé le 14 octobre 1809, et le 26, l'empereur était à Fontainebleau.

On a pensé qu'une des clauses de ce traité avait été le mariage de Napoléon avec Marie-Louise. Aussi, son divorce fut-il prononcé le 16 décemb. Joséphine descendit sans regrets d'un trône où elle était montée sans ambition; elle fut regrettée des Français qui la chérissaient.... Marie-Louise vint... elle ne fut qu'estimée. Jamais l'empereur ne fut plus puissant qu'à cette époque, jamais il n'eut une plus belle occasion de rendre la France heureuse et tranquille.

Au moment où l'Empereur se livrait à l'allégresse que lui inspirait la naissance du Roi de Rome, qui eut lieu le 20 mars 1811, la guerre nous fut déclarée par l'empereur de Russie, avec lequel nos relations devenaient moins amicales depuis quelques mois. L'orage qui se formait entre les deux nations éclata lorsque l'on eut découvert les menées secrètes d'un colonel russe, que Napoléon avait accueilli avec une rare bienveillance. Ce militaire étranger sut obtenir frauduleusement, dans les bureaux du ministère de la guerre, des renseignemens assez exacts sur les forces numériques de notre armée, et retourna ensuite dans sa patrie.

Au mois d'avril 1812, la grande Armée, forte de quatre cent mille hommes d'infanterie, soixante mille chevaux, et douze cents pièces d'artillerie, passa l'Oder et se porta sur la Vistule, qu'elle franchit bientôt. Cette armée avait reçu les contingens des nations amies, telles que l'Italie, l'Autriche, la Hollande, la Pologne, la Westphalie, la Saxe, et plus tard la Prusse ; le 25 juin toutes ces troupes avaient passé le Niémen, et le 28, le quartier-général de Napoléon fut établi à Wilna.

La marche rapide de Napoléon jusqu'à Wilna, fut remarquable par le dévouement héroïque de cent Polonais de la garde qui, ayant voulu traverser la Vilia à la nage pour atteindre quelques cosaques, se noyèrent presque tous en criant *Vive l'Empereur!* L'armée française, dans le court trajet de Kowno à Wilna, perdit de dix à douze mille chevaux : on attribue cette mortalité à l'usage du seigle mouillé, que nos cavaliers substituèrent sans précaution à l'avoine et même au foin, dont la disette se fit sentir dès le commencement de la compagne.

Les Russes, à quelques lieues de Vitepsk., opposèrent de la résistance à Napoléon; le champ de bataille fut vivement disputé. Là, deux cents voltigeurs du 9ᵉ régiment dégagèrent le 16ᵉ régiment de chasseurs à cheval, chargé par sept à huit escadrons ennemis. L'Empereur jugea que ces deux cents braves méritaient tous la croix. Après cette affaire, l'ennemi continua sa retraite jusque sous les murs de Smolensk. Cette ville, entourée d'une forte muraille crénelée, avait reçu une garnison de trente mille Russes. Le maréchal Ney attaqua le corps de la place, et les généraux Morand et Gudin s'emparèrent des faubourgs. A la fin du jour, le canon des remparts avait cessé de tirer; à minuit la ville était évacuée... Mais l'atroce système de défense adopté par la Russie commençait à s'exécuter.... Smolensk était la proie des flammes lorsque notre armée en prit possession le 17 août 1812.

Après ces succès extraordinaires, ce fut alors que Napoléon conçut le projet de marcher sur Moscou, et on assure qu'il s'écria : *Poursuivons nos succès ; avec de pareils soldats, on doit aller au bout du monde.* Il ne pouvait pourtant pas se dissimuler l'évide..ce d'une famine inévitable, sur un terrain que l'ennemi n'évacuait qu'après avoir incendié, moissons, magasins, habitations? Nos innombrables légions n'en continuèrent pas moins leur marche sur Moscou ; aucun murmure ne se fit entendre dans les rangs. L'Empereur courut tête baissée au-devant des calamités qui l'attendaient.

Le 7 septembre, à la pointe du jour, notre armée était rangée en bataille près du village de Borodino, à vingt lieues de Moscou. Le ciel, d'abord nébuleux, s'éclaircit bientôt, et le soleil se montra : *c'est le soleil d'Austerlitz!* s'écria l'Empereur. Les Russes réunissaient cent trente mille hommes ; le nombre de nos soldats était bien inférieur ; mais jamais le guerrier français n'a compté ses ennemis. Le premier coup de canon, parti de nos batteries, donne le signal du combat : un feu terrible est engagé par notre aile droite ; tandis que notre gauche attaque et emporte à la baïonnette le village de Borodino; le maréchal Ney s'élance sur le centre de l'ennemi. Alors, dans une attaque prolongée sur toute la ligne, mille pièces de canon vomirent la mort; cette lutte dura jusqu'à midi. A cette heure, les masses russes étaient enfoncées; deux redoutes étaient emportées et occupées par nos généraux. En vain l'ennemi veut se ressaisir de ces points fortifiés, les monceaux de cadavres qui comblent les fossés, ne peuvent lui en faciliter l'accès. A la nuit, l'ennemi était en pleine retraite, nos batteries avaient éteint le feu de sa dernière redoute.

Cette lutte sanglante et prolongée fut peu décisive; sans nous avoir procuré les grands résultats que nous en attendions, elle jeta le deuil dans toute la France : vingt mille de nos soldats restèrent sur le champ de de bataille avec plusieurs généraux. Du côté des Russes, quarante mille hommes avaient disparu des rangs; cinquante pièces de canon tombèrent en notre pouvoir. Des témoins assurent que si la garde impériale, qui ne prit aucune part à cette grande action, eût donné entre deux et trois heures, les Russes n'eussent pas sauvé un seul bataillon; mais c'était un rempart que l'empereur se réservait en cas de besoin. Le succès obtenu dans cette journée, était dû en grande partie au maréchal Ney, qui reçut sur le champ de bataille le titre de *Prince de la Moscowa*. C'est revêtu de ce titre si glorieusement acquis, qu'il devait tomber un jour sous le plomb de ces guerriers qu'il conduisit vingt ans à la victoire....

Depuis Smolensk l'ennemi n'abandonnait pas une ville ou un village sans les avoir brûlés. Dans cet affreux système de dévastation, les Russes ne donnaient pas même à leurs concitoyens le temps de fuir; la torche avait dévoré leurs maisons de sapin avant qu'ils eussent pu en gagner la porte. On a souvent trouvé les cadavres rôtis des infortunés paysans moscovites, étendus sur les cendres de la chambre qu'ils habitaient.

C'est le 14 septembre que nos troupes arrivèrent aux portes de Moscow ; le roi de Naples, à la tête de sa cavalerie, s'empara du Kremlin. L'Empereur fit son entrée le 15 ; l'armée s'y établit le même jour. Tout-à-coup des flammes s'élèvent de plusieurs quartiers; nos soldats parviennent, dans les premiers momens, à se rendre maîtres de l'incendie ; mais bientôt il devient général; il n'est plus possible de l'arrêter. Les Russes, en abandonnant la ville, y avaient laissé quelques centaines de forçats, avec l'horrible mission de l'incendier. Pendant dix jours les flammes consumèrent au moins 9000 maisons; vingt mille malades ou blessés périrent consumés!....
Napoléon et ses généraux parcoururent sur des cendres brûlantes ce vaste théâtre de destruction... Quel spectacle! quelle terrible leçon pour l'ambitieuse humanité!... Napoléon

n'avait pas encore trouvé la fortune infidèle !... Ces rues et ces places où circulait naguère une foule empressée, sont maintenant désertes et silencieuses. Ces palais élevés à très-grands frais, n'offrent plus que des ruines fumantes, sur lesquelles passent, comme des ombres, quelques misérables Moscovites qui n'ont pas fui, parce qu'ils n'avaient rien à perdre, rien à redouter. Ici, de riches magasins présentaient au luxe opulent les diamans de Golconde, les fourrures de la Sybérie, les tissus de l'Inde, les parfums de l'Orient... tout a disparu sous des monceaux de décombres. Et les temples, asiles révérés où le chrétien venait chercher, dans la prière et le recueillement, la paix de l'âme et l'amour du bien, leur enceinte est métamorphosée en arsenal : les roues pesantes des canons brisent les parvis sacrés ; des cris de guerre... frappent ces voûtes vers lesquelles des chants pieux devaient seuls s'élever.

Nos troupes restèrent cinq semaines à Moscow, après qu'un armistice fut signé. Les habitans avaient abandonné les villes et les villages, et s'étaient retirés au milieu des forêts voisines, avec leur mobilier et leurs bestiaux. Le 16 octobre l'Empereur ayant appris qu'un combat imprévu venait de s'engager avec les ennemis, et qu'il pouvait être très-funeste aux Français, sans l'intrépidité du brave prince Poniatowski, quitta aussitôt Moscow, y laissant une division de la jeune garde, sous les ordres du duc de Trévise, qu'il chargea de faire sauter le Kremlin. Cet ordre fut exécuté, et l'arrière-garde rejoignit l'armée à Veréia. Avant cette jonction, une bataille avait été livrée sous les murs de Malo-Jaroslavetz, où avait été battu Kutusow, qui, à la tête de quatre-vingt mille Russes, opposés à seize mille Français, avait laissé dix mille hommes sur le champ de bataille. Cette victoire fut la dernière de cette campagne, où nos soldats ne combattirent plus que pour leur salut. Le soir même, dix mille cosaques s'élancèrent sur le quartier impérial; l'Empereur lui-même allait peut-être tomber en leur pouvoir, lorsque le général Bessières survint et les dispersa.

Ici commence une suite de calamités; nous ne donnerons qu'une simple esquisse de ce lugubre tableau. La famine et le froid firent sentir à-la-fois leur funeste aiguillon à nos colonnes dès le 2 novembre. Cette grande armée, riche de tant de souvenirs glorieux, n'offrit bientôt plus que d'immenses débris: presque tous les corps se débandèrent; la subordination était détruite; les routes jonchées d'armes échappées de la main glacée des malheureux dont elles devaient protéger les jours; le cavalier oubliant les services que son cheval lui a rendus dans vingt combats, le frappe, et cherche dans ses membres palpitants une nourriture malsaine, qu'une multitude affamée.

vient lui disputer. La nuit, en amenant un froid plus vif, ajoute encore aux maux cuisans du jour. Des guerriers de toutes armes s'arrêtent pour former un bivouac, quelques branches d'arbres, quelques débris des chaumières qu'on détruit entretiennent un feu, autour duquel le général lui-même ne trouvera sa place qu'après avoir contribué à l'alimenter.... Cependant la fatigue et la faim amènent bientôt le sommeil dans le groupe qui se presse autour de ce foyer... Le bois se consume.... L'hiver reprend ses droits... Ces infortunés ne se relèveront plus !!!!!

Le soldat, sombre et pensif dans sa marche, semble étranger à tout ce qui se passe autour de lui: son oreille est fermée aux plaintes de ses camarades expirans; il regarde d'un œil sec des monceaux de cadavres qui s'accumulent sur ses pas. Au sein de tant de désastres, il fallait sans vivres, sans munitions, soutenir laborieusement les chances de la guerre, afin d'arracher, du moins, une partie de l'armée de l'immense tombeau ouvert pour elle des rives de la Moskowa aux bords de la Vistule.

Les armées qui nous étaient opposées s'étaient accrues des troupes que l'empereur Alexandre avait rappelées de la Moldavie; d'un autre côté, l'Autriche, dont la perfide alliance commençait à se dévoiler, avait retiré son armée derrière le Bug, et livré à l'ennemi l'importante place de Minsck, où nous espérions trouver des ressources; enfin, le maréchal Augereau, parti de Wilna pour nous préparer une meilleure route par Mohilow, avait été forcé de signer une capitulation. Dans cet état de choses, notre armée courait le plus grand risque d'être devancée par celle de l'ennemi, dont le but principal était de nous interdire le passage de la Bérésina. Ce passage fut cependant effectué. Dirons-nous à quel prix, et devons-nous exhumer les souvenirs affreux de ce déplorable événement.

Deux ponts avaient été jetés sur la Bérésina ; le premier pour l'infanterie, le second pour l'artillerie, les voitures et les chevaux. Nos troupes passèrent pendant deux jours sur les deux ponts. Mais le 28 novembre, celui destiné au passage du matériel s'étant écroulé, il devint indispensable de faire refluer les voitures et les canons sur le pont qui restait. On conçoit quel dut être l'encombrement produit par cet amas imprévu d'artillerie, de caissons, de bagages, de cavaliers et de fantassins ; une lutte sanglante s'engagea sur ce point ; elle devint horrible lorsque les obus et les boulets, tombant au milieu de la foule, l'obligèrent à s'élancer avec précipitation vers la rive opposée. Alors, un grand nombre d'infortunés furent broyés sous les roues ou foulés aux pieds des hommes et des chevaux, qu'ils mordaient en expirant. Malheur au faible qui, dans cette affreuse confusion, obstruait le passage du fort ; il était précipité dans le fleuve ; là, luttant en vain contre les glaçons et les flots, il trouvait une fin prochaine, que hâtaient quelquefois les projectiles de l'ennemi. Qui croira qu'une telle horreur pût encore s'accroître ? Elle s'accrut cependant, quand, pour arrêter la poursuite des Russes, le général Éblé dut embraser le pont où tant de malheureux se frayaient, sur des cadavres, une issue vers un salut incertain. A la première apparence du feu, tout ce qui n'avait encore pu atteindre le pont s'élance dessus. La flamme dévore rapidement les madriers... Ils rompent sous le poids qui les surcharge, et des milliers d'infortunés sont ensevelis, en masse, dans la Bérésina, avec les débris enflammés qui les portaient... Des cris déchirans s'élèvent jusqu'aux cieux ; un silence profond leur succède... C'est le silence de la mort !!! Tant que le passage avait duré,

Napoléon était resté sur la rive de la Bérésina, exposé aux boulets et aux obus qui tombaient à chaque instant fort près de lui; à la catastrophe que nous venons de décrire, il s'éloigna frappé de terreur.

Tandis que la France payait si cher la malheureuse expédition de Moscow, les partis s'agitaient dans son sein, et l'opinion, alors fortement prononcée contre le chef de l'État, eût secondé le premier projet raisonnable conçu pour renverser ce colosse ébranlé; et l'impératrice Marie-Louise, jeune, timide, sans expérience et peu connue des Français, n'eût opposé qu'une digue impuissante à l'invasion d'un nouveau pouvoir. L'Empereur sentit qu'il devenait urgent de reparaître au milieu de la nation; il remit le commandement de l'armée au roi de Naples, et se rendit en toute hâte à Paris, où il arriva le 18 décembre, sans être attendu. Marie-Louise, triste et souffrante depuis quelque temps, venait de se mettre eu lit; la femme de chambre qui couchait dans la pièce voisine, se disposait à en faire autant, et à fermer toutes les portes, quand elle entendit plusieurs voix dans le salon qui précédait. Au même instant la porte s'ouvre, et elle voit entrer deux hommes couverts de grands manteaux fourrés. Elle se précipite vers la porte qui conduit à la chambre de l'Impératrice pour en barrer l'entrée, lorsque l'un des deux ayant écarté son manteau, elle reconnut l'Empereur. Un cri qu'elle jeta avertit l'Impératrice qu'il se passait quelque chose d'extraordinaire dans la chambre voisine, et elle allait sauter hors de son lit, quand son mari la serra dans ses bras. L'entrevue fut tendre et affectueuse. Le compagnon de l'Empereur était le duc de Vicence (Caulincourt), avec qui il était arrivé dans une mauvaise calèche. Il avait eu beaucoup de peine à se faire ouvrir les portes du palais.

Laissons les débris de nos légions lutter contre un froid de 27 à 28 degrés jusqu'à Kowno, et repasser ce Niémen que l'armée avait franchi cinq mois plutôt, brillante de gloire et riche d'espérance. Laissons l'habile maréchal Macdonald braver dix-huit mille Prussiens, et ramener une nombreuse artillerie de siége des plaines de Riga, sans abandonner un seul canon aux ennemis; revenons à Paris sur les pas de Napoléon. Une levée de deux cent mille conscrits fut ordonnée, tandis que le premier ban de la garde nationale se dirigeait sur l'armée. Le trésor, tenu en réserve dans les caves des tuileries, fut ouvert; de nombreuses remontes eurent lieu; les forges, les fonderies de l'empire improvisèrent un nouveau matériel. C'est à cette époque que Napoléon créa *les gardes d'honneur*. Ces jeunes gens appartenaient aux premières familles de l'empire. En peu de mois enfin les désastres des plaines de la Moscovie étaient, sinon oubliés, du moins en quelque sorte réparés.

Pendant que ces dispositions se faisaient dans l'intérieur de la France, le roi de Prusse venait de signer un traité d'alliance avec la Russie ; de son côté l'empereur d'Autriche traitait secrètement avec la même puissance. L'ennemi venait de forcer la ligne de l'Elbe ; il occupait Hambourg, et la Saxe venait d'être envahie, lorsque l'Empereur rejoignit l'armée, après avoir conféré le titre de régente à l'impératrice.

Le maréchal Ney avait enlevé à la baïonnette la position de Weissenfelds ; l'ennemi, attaqué par la division de Kellermann, avait été chassé de toutes ses positions sur ce point ; mais l'armée venait de perdre un de ses meilleurs généraux et Napoléon un fidèle ami : le maréchal Bessières avait été frappé d'un boulet à la poitrine. L'Empereur pleura cet excellent serviteur, qui lui avait rendu les plus grands services.

Un corps de vingt-cinq mille cavaliers russes, ayant alors débouché sur plusieurs colonnes pour forcer notre centre, l'engagement devint général. Telle fut l'origine de la bataille de Lutzen. Le maréchal Ney, dont le prince Eugène appuyait la gauche, combattait au fort de la mêlée; il électrisait, par des prodiges de valeur personnelle, les jeunes soldats qu'il guidait. Napoléon voyant que notre centre était vivement inquiété par la réserve des alliés, donna l'ordre au maréchal Mortier de fondre sur l'ennemi. Le gén^{al} Drouot porte quatre-vingts pièces de canon en avant de la vieille garde échelonnée, à la tête de laquelle l'Empereur lui-même s'est placé... Les rangs ennemis sont éclaircis; ils se débandent; ils sont culbutés; la victoire se déclare pour nous.

La bataille de Lutzen n'eût pas été moins décisive que celle d'Austerlitz, si nous avions eu assez de cavalerie; mais cette arme manquait dans nos rangs; les alliés opérèrent leur retraite avec une sorte de sécurité, laissant vingt mille hommes sur le champ de bataille. Nous en eûmes, de notre côté, dix mille tués ou blessés. Le jeune Labédoyère, dont le nom est inscrit à côté de celui du maréchal Ney, au nombre des victimes d'une autre époque, fut nommé colonel sur le champ de bataille de Lutzen.

L'Empereur, peu de jours après cette victoire, fit son entrée à Dresde; il y rappela le roi de Saxe, qui bientôt nous fournit un renfort important. Napoléon repartit de Dresde le 18 mai; arrivé à Bautzen, il reconnut les positions de l'ennemi, et avec deux divisions de la jeune garde, il le mit en déroute, après avoir laissé sur le champ de bataille vingt mille hommes tués ou blessés. C'est en poursuivant le succès de la journée de Bautzen, que le général du génie Kirgener fut emporté par un boulet, qui vint ensuite frapper

à l'abdomen le grand maréchal du palais, Duroc. « Duroc, lui dit Napo-
« léon, en le quittant les larmes aux
« yeux, il est une autre vie ; c'est là
« que vous irez m'attendre, et que
« nous nous reverrons. »

L'Empereur, avant son départ de Dresde, avait proposé un armistice aux alliés, qui fut signé le 4 juin ; mais la Russie ne l'avait accepté que pour donner le temps à de nouveaux alliés de s'avancer vers le théâtre de la guerre. Le traité fut donc rompu, et les hostilités devaient recommencer le 16 août ; mais l'armée nous attaqua dès le 14. Six cent mille hommes étaient armés contre nous, tandis que nos colonnes n'offraient qu'un effectif de trois cent trente-deux mille hommes inactifs renfermés dans les places fortes, et trente-huit mille chevaux.

Les premiers engagemens eurent lieu sur le territoire prussien, où les alliés eurent quelques succès. Napoléon, informé de ces petits échecs, se porta rapidement sur le théâtre des événemens, et le sort des armes changea. Le 26, au moment où l'Empereur observait les positions que les troupes coalisées avaient prises dans la plaine, il fut frappé à la tête, par un éclat de bois, qu'un boulet venait de détacher d'un bâtiment voisin. Renversé par le coup, Napoléon se relève et dit froidement : « Tout serait fini, s'il avait touché le ventre... » et il continua sa reconnaissance. L'ennemi n'avait pas vu que leur extrême gauche ne communiquait pas avec le centre... L'œil de l'aigle aperçoit cette lacune, et aussitôt un projet d'exécution fût adopté, et par le coup décisif qui fut porté sur le point faible que Napoléon avait désigné, on ne tarda pas à couper les communications des alliés avec leur gauche. Cette aile tout entière se rendit, tandis que les cuirassiers du général Latour-Maubourg taillaient en pièces la cavalerie autrichienne. L'ennemi laissa vingt-cinq mille hommes sur le champ de bataille; nous lui fîmes quinze mille prisonniers; dix-huit drapeaux et 130 caissons lui furent enlevés.

Un des premiers boulets lancés dans la matinée avait blessé mortellement le général Moreau: le sort des combats arrêtait les projets de ce militaire armé contre son pays, et le canon de Dresde venait de venger la France des efforts sacriléges d'un enfant ingrat, qui devait plutôt mourir par un boulet russe, prussien ou autrichien, que par un boulet français.

Le général Vandamme poursuivait l'armée ennemie dans sa retraite; mais le général russe Tolstoï fut secouru par le général Barclay de Tolly, à la tête de trois divisions. Les Français se virent, à leur tour, contraints de se replier sur Culm, où, bientôt attaqués par des troupes six fois plus considérables, ils n'échappèrent à une destruction totale qu'en se faisant jour héroïquement à travers les triples rangs ennemis. Les alliés nous firent, dans ce malheureux engagement, sept mille prisonniers, parmi lesquels étaient le général en chef lui-même, et quatre autres officiers généraux; 30 canons restèrent au pouvoir de l'ennemi.

Tous les corps français avaient repassé l'Elbe, lorsqu'on apprit que la Bavière marchait contre nous avec un contingent de 30,000 hommes. Informé de cette défection, l'Empereur fit sortir les Bavarois de nos rangs, et les renvoya, sans conditions, à leur souverain.

Les trois journées de Leipsick, quoique funestes à nos armes, sont inscrites dans les fastes de notre gloire militaire : jamais les armées françaises ne déployèrent autant de valeur et de courage, jamais elles ne portèrent des coups si redoutables. Malgré des réserves sans cesse reproduites, les innombrables légions ennemies allaient voir encore la victoire se fixer sous nos aigles... Soudain les perfides alliés, les Saxons, tournèrent leurs armes contre nous, dans toutes les positions qu'ils occupaient... L'Empereur ordonna la retraite... Cette trahison pèsera sur l'armée saxonne tant que les hommes conserveront une juste idée de la loyauté. L'histoire mentionnera cet acte des Saxons, se tournant dans nos rangs pour nous égorger. Deux régimens refusèrent de nous trahir; leurs noms seront inscrits dans les annales du véritable honneur.

Nous allons retracer les désastres du pont de Lindeneau. Plus rapides, mais non moins affreux que ceux de la Bérésina, ils répandirent un nouveau deuil sur la France. Une confusion extrême régnait dans le défilé que nos troupes devaient nécessairement passer pour arriver au pont de Lindeneau; la marche lente de l'artillerie et des bagages ne pouvait se concilier avec l'impatience des soldats: on se disputait avec acharnement le passage; et l'Empereur lui-même, ne put se faire jour à travers les obstacles, qu'en faisant lancer sa voiture au galop, pour s'ouvrir une issue. Le pont était miné; un officier supérieur du génie avait été chargé de le faire sauter aussitôt que l'arrière garde aurait passé l'Elster. Tout-à-coup la mine part, le pont vole en éclats... Des corps nombreux, une forte partie de l'artillerie, et presque tout le matériel de l'armée, restent au pouvoir de l'ennemi : on a tenté de faire peser cette faute, certainement involontaire, sur un sergent de sapeurs; mais la vérité n'est point encore connue.

Le prince Poniatowski, élevé récemment à la dignité de maréchal de l'empire, combattait encore dans un faubourg de Leipsick, lorsqu'on lui apprit la rupture du pont de Lindeneau : « C'est ici, messieurs, qu'il « faut succomber avec honneur, » dit ce brave Polonais aux officiers qui l'entouraient; et tous s'élancent à travers les rangs ennemis. Affaibli par les blessures qu'il vient de recevoir, le brave maréchal est cependant parvenu à traverser la Pleiss ; une petite barque attachée sur le bord de l'Elster pouvait lui faciliter le passage de cette rivière ; il y fait entrer quelques grenadiers blessés, et se précipite dans les flots... Mais le cheval de l'infortuné Poniatowski succombe, avant d'avoir atteint la rive opposée... Le prince disparaît. Ainsi périt cet illustre guerrier dont le nom se rattachait depuis huit ans à tous nos succès ; il avait à peine atteint sa cinquantième année. Ce militaire, plein d'honneur et de bravoure, eût été roi de Pologne, si l'Empereur eût réussi dans sa campagne contre les Russes. Le maréchal Macdonald, plus heureux, traversa la rivière à la nage ; le général Dumoutier y périt.

Cent trente mille hommes et quarante huit généraux tués, blessés ou prisonniers, de part et d'autre, marquèrent les sanglantes journées de

Leipsick : vingt mille Français périrent durant cette longue succession de combats; trente mille malades ou blessés de notre armée restèrent au pouvoir de l'ennemi, après la rupture du pont de Lindeneau; il recueillit aussi deux cent cinquante pièces d'artillerie et huit cents caissons que nous y avions laissés.

Les Autrichiens et les Bavarois s'avançaient à marches forcées pour nous couper le retour sur le Rhin; arrivés à Hanau, ils rangent leur armée en bataille. Napoléon attaqua leur gauche, tandis que deux bataillons de la garde, que soutinrent quarante pièces d'artillerie, forcèrent le défilé où nos troupes se trouvaient engagées. Au même instant notre cavalerie, composée des dragons de la garde, de cuirassiers et d'un régiment de gardes-d'honneur, culbuta et acheva de disperser l'armée ennemie : le lendemain, pourtant, elle tenta une nouvelle attaque sous les murs d'Hanau, qui s'était rendue la veille aux Français; battu pour la seconde fois, le commandant ennemi perdit douze cents hommes et fut grièvement blessé.

L'Empereur et l'armée repassèrent le Rhin le 2 novembre 1813, laissant sur la rive droite le général Bertrand, qui soutint, peu de jours après, un combat qui fut le dernier de cette campagne.

La retraite de 1813 retrouva les calamités de 1812. Les habitans, chassés de leurs habitations par la famine, se jetèrent dans les forêts voisines: nos malades et nos blessés, privés des secours qu'ils auraient reçus de l'hospitalité allemande, succombaient sur les routes ou dans les maisons abandonnées. Les soldats qui parvinrent à se traîner jusqu'à Mayence, y apportèrent le germe d'une épidémie, conséquence du régime irrégulier et insalubre que le soldat avait suivi dans la retraite. Le mal fit de rapides progrès; en peu de jours la ville entière fut infestée :

soldats, officiers, citoyens, tout périssait; chaque jour cinq cents personnes étaient descendues dans la tombe. Bientôt les cadavres répandirent dans l'air des miasmes pestilentiels, qui augmentèrent le nombre des victimes; le Rhin les reçut à son tour, et ses ondes portèrent à la mer cet horrible tribut.

Les plaines de la Russie, de la Pologne et de l'Allemagne, avaient cessé de retentir du bruit de nos armes. Toutefois les alliés, timides encore au sein des succès, portaient avec inquiétude leurs regards sur cette belle France qui, vingt ans, leur envoya des vainqueurs. Là, cinq cent mille vétérans dont l'étranger éprouva la valeur à Lodi, à Arcole, aux Pyramides, à Marengo, à Iéna, à Austerlitz, à Wagram, à la Moskowa, dirigent la charrue ou meuvent la bêche d'un bras encore habile à servir l'État. Les souverains coalisés proposèrent donc à Napoléon de donner pour limites à la France le Rhin, les Alpes et les Pyrénées ; ils exigeaient le rétablissement du roi Ferdinand sur le trône d'Espagne, et l'indépendance de l'Italie ; Napoléon accepta ces bases sur-le-champ.

En Italie le prince Eugène combattait pour la conservation d'un état qui devait nous échapper. Murat, élevé de la poussière jusqu'au trône de Naples, par Napoléon, venait de signer une alliance avec les ennemis de son beau-frère et de son pays. En Espagne, nos troupes, sous les ordres des maréchaux Soult et Suchet, défendaient pied à pied une conquête qu'il fallait abandonner malgré les talens de ces habiles chefs. Pressentant le besoin qu'il aurait de sa brave armée d'Espagne, Napoléon venait de rendre à Ferdinand son trône et sa liberté. Dans le même temps le pape, qui était prisonnier en France, fut renvoyé à Rome. La Hollande, mécontente d'être réunie à la France, s'était révoltée ; les gnéraux Molitor et Charpentier ne purent la défendre. A Dresde, le maréchal Gouvion St-Cyr s'était vu contraint de signer une capitulation : nos troupes devaient rentrer de suite en France ; eh bien ! par un abus intolérable de la foi des traités, elles furent prisonnières.

Pendant ce temps une députation du corps législatif osa, pour la première fois, rappeler à l'Empereur les principes libéraux sur lesquels il avait assis lui-même son pouvoir ; ils l'interpelèrent avec une grande franchise pour qu'il renonce à tout système d'agrandissement ; mais l'aigreur qui perça dans leur manifestation irrita Napoléon.. le corps législatif fut dissous. Comme ce coup d'état séparait les intérêts du trône de ceux de la nation, les levées de conscrits et de gardes nationales s'opérèrent très lentement. La France répondit faiblement à l'appel d'un maître absolu, qui lui demandait de nouveaux sacrifices, sans lui promettre le moindre retour sur les abus de son autorité.

Telle était la situation des choses lorsque les alliés, après avoir traversé la Suisse, pénétrèrent d'abord dans le département du Doubs et du Bas-Rhin, semant partout sur leur passage des proclamations rassurantes, qui ne tardèrent pas à être démenties par les excès révoltans auxquels les soldats étrangers se livrèrent. D'autres auxiliaires se réunirent en secret aux armées du nord: Le parti de la maison de Bourbon, réveillé par des événemens qui pouvaient le servir, avait établi au centre de l'empire un comité qui, non-seulement entretenait une correspondance suivie avec les puissances coalisées, mais paralysait les efforts tentés dans l'intérieur pour la défense de l'État.

L'invasion avait fait de rapides progrès, lorsque Napoléon, qui ne s'éloignait pas sans inquiétude de la capitale, annonça son départ pour l'armée : de nouveaux pouvoirs furent conférés à l'Impératrice régente. On remarque ce passage dans les adieux que Napoléon fit à la garde nationale parisienne : « Je confie ma « femme et mon enfant à ma fidèle « ville de Paris; je lui donne la plus « grande marque d'estime, en lais- « sant sous sa garde les objets de « mes plus chères affections... Avant « d'arriver jusqu'à vous, on me pas- « sera sur le corps. » La garde nationale promit de faire son devoir... elle a tenu parole. Napoléon avait donné l'ordre de fortifier les hauteurs qui dominent la capitale : cet ordre ne fût point exécuté; il avait aussi ordonné de remettre, en cas d'attaque, cinquante mille fusils aux ouvriers, dont le plus grand nombre avait servi; au moment du danger, ces braves artisans demandèrent à grands cris des armes.... on ne put en trouver qu'après l'entrée des alliés. Enfin, Napoléon partit de Paris le 25 janvier.

Partout son activité et son génie se multiplient au-delà de tout ce que l'imagination peut concevoir. Secondé par une armée infatigable, il triomphe sur tous les points où il se montre, et ce héros est presque partout. Le 12 février 1814 eut lieu la bataille de Brienne, où étaient tous les souverains alliés, et qui fut la première de la campagne où l'Empereur ait commandé contre les armées réunies de Blucher et du prince de Schwartzemberg; elle ne fut point heureuse : il manqua même d'être enlevé par un parti de cosaques. Napoléon, après avoir donné ses derniers ordres, revenait, par l'avenue de Brienne, à son quartier général de Mézières; il précédait ses aides-de-camp de quelques pas, écoutant le colonel Gourgaud, qui lui rendait compte d'une manœuvre; les généraux de sa maison suivaient, enveloppés dans leurs manteaux. Le temps était très-noir; et dans la confusion de ce campement de nuit, on ne pouvait guère se reconnaître que de loin en loin, à la lueur de quelques feux. Dans ce moment une bande de cosaques, attirée par l'appât du butin et le bruit de nos caissons, se glisse à travers les ombres du camp, et parvient jusqu'à la route. Le général Dejean se sent pressé brusquement; il se retourne, et crie *aux cosaques!* En même temps il veut plonger son sabre dans la gorge de l'ennemi qu'il croit tenir, mais le cosaque échappe et s'élance sur le cavalier en redingotte grise qui marche en tête. Corbineau se jette à la traverse; Gourgaud a fait le même mouvement, et d'un coup de pistolet à bout portant, il abat le cosaque aux pieds de Napoléon. L'escorte accourt, on se presse, on sabre quelques cosaques; mais le reste de la bande, se voyant reconnu, saute les fossés et disparaît.

À Champ-Aubert nos armes obtinrent un succès marquant sur le général russe, qui eut dans cette affaire dix mille hommes tués, blessés ou pris ; toute son artillerie nous fut abandonnée. Le lendemain, la plaine de Montmirail fut témoin d'un triomphe plus complet : Sacken laissa dix mille hommes sur le champ de bataille ; plusieurs milliers de Russes nous remirent leurs armes : dix drapeaux de ce corps d'armée furent dirigés sur Paris. A peine les batailles des 10 et 11 février étaient-elles connues de la capitale, que déjà l'Empereur avait battu et forcé à la retraite Blucher lui-même, Blucher commandant une armée trois fois plus nombreuse que la nôtre ; cette troisième victoire prit le nom du village de *Vaux-Champs*. Sept mille Russes ou Prussiens, mis hors de combat dans cet engagement, ne nous coûtèrent pas plus de trois cents hommes ; ses résultats furent la prise de quinze canons, dix drapeaux et quinze mille prisonniers.

Mais tandis que Napoléon détruisait sur la Marne plusieurs corps ennemis, les alliés recevaient du nord de nombreux renforts; ils faisaient avancer toutes leurs réserves. Le prince de Schwartzemberg avançait sur les bords de la Seine avec une colonne de cent mille hommes, qui inquiétaient les maréchaux Victor et Oudinot. Ce corps avait commencé son mouvement sur Paris le 4 février. Napoléon vole au secours de ses deux lieutenans : le 14 il avait vaincu à Vaux-Champs l'armée de Silésie; le 16 au soir il battit l'armée austro-russe à Nangis, et un espace de vingt lieues avait été franchi. L'ennemi perdit dans ce dernier combat quatre mille hommes, douze canons et quarante caissons. Dès le lendemain eut lieu l'affaire de Montereau, où Napoléon lui-même, avec trente mille hommes et 60 pièces de canon, s'avance pour enlever une position, aidé des gardes nationales de la Bretagne et du Poitou, qui gravissent un coteau et en débusquent l'ennemi. Les habitans de Montereau font pleuvoir sur lui des pierres et des tuiles; la ville devient un horrible champ de carnage. Les Austro-Russes abandonnèrent à Montereau cinq mille hommes tués ou blessés, des prisonniers, des drapeaux, des canons et des bagages. Si nos troupes eussent pu traverser la Seine dans plusieurs endroits en même temps, l'armée du généralissime Schwartzemberg, lui-même, le roi de Prusse et l'empereur de Russie tombaient en notre pouvoir... Satisfait du moins du résultat qu'il obtenait, l'empereur s'écria : « Mon cœur est soulagé; je « viens de sauver la capitale de mon « empire. » A cette dernière affaire les soldats murmuraient en voyant l'Empereur s'exposer : « Ne craignez « rien, mes amis, s'écria-t-il, le bou- « let qui me tuera n'est pas encore « fondu. »

Frappés de terreur après le combat de Montereau, les alliés proposèrent la paix à l'Empereur, mais à des conditions si peu raisonnables qu'il refusa, en répondant à leur envoyé: « C'est trop exiger, les alliés « oublient que je suis plus près de « Munich qu'eux de Paris »; l'agent diplomatique s'éloigna.

Les combats de Méry et de Craone, la reprise de Troyes, celle de Soissons, de Reims et de Châlons-sur-Marne, continuèrent d'honorer les armées françaises. La prise de Lafère, que son gouverneur rendit à la première sommation, et où les alliés se saisirent d'un matériel de vingt millions; l'occupation momentanée de Soissons par l'ennemi, décidèrent les alliés à renoncer au plan de retraite qu'ils suivaient jusqu'à la fin de février. Ils s'emparèrent de Lyon après douze heures d'une molle défense.

Un grand conseil fut convoqué par l'empereur Alexandre, dans lequel il fut décidé que les différens corps d'armée marcheraient immédiatement sur Paris. On avait fait entendre à l'empereur d'Autriche qu'une indemnité de territoire pourrait le consoler d'avoir contribué à détrôner sa fille. Le duc d'Angoulême venait de faire son entrée à Bordeaux avec l'armée anglaise; le comte d'Artois s'était avancé jusqu'à Nancy.

Tandis que les puissances coalisées dirigent une armée colossale sur Paris, les places occupées par nos troupes en Allemagne se défendaient toujours; Anvers paraissait devoir résister long-temps; de beaux faits d'armes avaient récemment illustré le prince Eugène en Italie; mais depuis la réunion de Murat aux troupes autrichiennes, nous ne pouvions opposer à nos ennemis qu'une faible résistance; notre armée d'Espagne opposait une simple défense aux Anglais en-deçà des Pyrénées. On ne sait par quelle inconcevable fatalité Napoléon maintenait encore des armées dans des pays qu'il n'avait plus l'espoir de conserver, lorsque la jonction de ces troupes avec celles de l'intérieur de la France, pouvait changer entièrement la face des choses en général.

Le double combat de Fère-Champenoise fut le premier qui retarda la marche des alliés sur Paris ; là, comme partout, nos soldats firent des prodiges de valeur; mais que pouvaient quelques divisions contre une armée de deux cent mille hommes.... Les Français succombèrent avec honneur à un ennemi qui dut, pour les vaincre, réunir tous ses efforts.

L'armée des alliés poussa, le 29 mars, des coureurs jusqu'à Romainville et Pantin, villages aux portes de Paris. Dans ce danger imminent, rien ne fut disposé pour la défense de la capitale, si ce n'est le 30 au matin : la valeur de notre faible armée, et le courage des braves Parisiens, tint lieu de tout ce que l'imprévoyance des chefs enlevait de ressources aux soldats comme aux citoyens.

Marie-Louise avait déclaré qu'elle

ne quitterait point les tuileries ; son intention était de se retirer au milieu des magistrats de la ville de Paris, et, dans le cas où la capitale serait occupée par l'ennemi, de se rendre avec les mêmes magistrats au quartier général des souverains alliés. Si l'Impératrice eût persisté dans cette résolution, les puissances coalisées eussent respecté les droits de cette souveraine, dont quatre cent mille citoyens pouvaient être un appui redoutable et spontané. Marie-Louise se laissa persuader que le salut de la France dépendait de son départ; elle partit à regret....

Dans la matinée du 30 mars, les corps des maréchaux Marmont et Mortier, la garde nationale, les élèves de l'école Polytechnique et d'Alfort, formant un total d'environ trente mille hommes, composaient l'armée opposée aux deux cent mille combattans que l'ennemi déployait sous les murs de la capitale. Avec ces faibles moyens, ils obtinrent, sur plusieurs points, des avantages assez marquans pour déterminer les alliés à faire donner leur réserve. La garde nationale rivalisa de zèle et de valeur avec la ligne : non seulement une partie de ses légions se répandit en tirailleurs sur les flancs de l'ennemi ; mais le surplus défendit les barrières de Neuilly et de Clichy, avec un succès assez long-temps soutenu. Quant aux braves élèves de l'école Polytechnique, héros avant d'être soldats, ils se couvrirent de gloire sur la butte Saint-Chaumont, où ils servaient les batteries sous l'œil des officiers d'artillerie les plus consommés. La position meurtrière qu'ils défendaient coûta sept à huit mille hommes à l'ennemi ; il fallut tuer ces intrépides jeunes gens sur leurs pièces pour en éteindre le feu. En un mot, tout le monde fit son devoir dans la journée du 30 mars.... Tout le monde, hormis le frère de Napoléon, le fugitif Joseph, qui quitta le commandement général, et s'éloigna précipitammeut de Paris. Enfin, une capitulation fut signée, et on décida que l'armée française se retirerait pendant la nuit de l'autre côté de la ville, avec son matériel ; que les alliés ne pourraient faire leur entrée dans Paris qu'à 6 heures du matin.

Ce fut le général Belliard qui se rendit à Fontainebleau pour apprendre à Napoléon la reddition de Paris.

Les principaux chefs de l'armée se réunirent pour proposer à l'Empereur d'abdiquer en faveur de son fils ; mais le rappel des Bourbons étant décidé, les souverains coalisés demandèrent une abdication absolue.

Cependant Marie-Louise ignorait encore le 6 avril les évènemens de Paris et de Fontainebleau ; elle les apprit le 7, et voulut rejoindre l'Empereur ; des mesures furent prises pour s'opposer à ce rapprochement. Napoléon ne devait plus revoir son épouse ni son fils... L'Impératrice fut dirigée sur Rambouillet ; elle y eut une entrevue avec son père, et partit ensuite pour Vienne. Cette princesse et le roi de Rome (*) habitèrent le palais de Schœnbrunn, où, cinq ans plutôt, Napoléon avait remis aux mains de l'Empereur François le sceptre à l'aide duquel on devait briser le sien.

Le départ de Napoléon pour l'île d'Elbe avait été fixé au 20 avril : ce jour-là, l'Empereur descend dans la cour du palais, où il ne trouve plus ni dignitaires, ni maréchaux,

---

Le fils de Napoléon-le-Grand, François-Charles-Joseph NAPOLÉON, né à Paris le 20 mars 1811, roi de Rome, et Empereur des Français le 22 juin 1815, par l'acte d'abdication de son père, est mort le 22 juillet 1832, au château de Schœnbrunn, après une longue et douloureuse agonie.

La France ne perd pas de son avenir par la mort du duc de Reichstadt, car, élevé plutôt dans la haine que dans l'amour de nos institutions libérales, et d'ailleurs presque dans l'ignorance de la patrie, comment le jeune Duc eût-il pu faire le bonheur de la France ? Aussi, tout en donnant une larme à sa fin malheureuse et prématurée, nos regrets sont-ils moins amers, lorsque nous songeons que le fils de Napoléon mort, ses partisans se réunissent de droit à Louis-Philippe.

Le prince, sentant sa fin prochaine, a fait parvenir au jeune Louis-Napoléon, avec qui il était secrètement en correspondance depuis l'insurrection des États du Pape, son testament, par lequel il lègue à son cousin l'immortelle épée de son père.

8.

mais seulement sa vieille garde. Il s'approche de ces braves et leur dit : « Soldats de ma vieille garde, je vous « fais mes adieux ! depuis vingt ans « je vous ai constamment trouvés « au chemin de l'honneur et de la « gloire. Dans ces derniers temps, « comme dans ceux de notre pros- « périté, vous n'avez cessé d'être des « modèles de bravoure et de fidélité. « Je pars ; vous, mes amis, continuez « de servir la France. Adieu, mes « enfans ! je voudrais vous presser « tous sur mon cœur ; que j'embrasse « au moins votre drapeau. »

A ces mots, le général Petit saisit l'aigle des grenadiers, l'Empereur reçoit le général dans ses bras, et couvre de baisers cet insigne long-temps victorieux que le marteau va briser. Après cette scène pathétique, Napoléon veut s'éloigner précipitamment ; mais les guerriers qu'il vient de nommer ses enfans retardent sa marche ; ils baisent ses mains, ses armes, ses habits....

La garde entière voulait suivre l'Empereur dans sa retraite; mais il ne lui fut permis d'emmener que quatre cents hommes; Napoléon ne choisit pas les compagnons de son exil; ils furent pris au hasard dans un corps où le dévouement était général.

L'île d'Elbe, lorsque l'Empereur y arriva, était mal cultivée; il n'y avait point de commerce, aucune industrie. Napoléon changea, dans l'espace de quelques mois, la face de son petit empire. Il menait dans son île une vie très-active : levé avant le jour, il consacrait au travail les premières heures de la matinée Dans la soirée, Napoléon parcourait à cheval les lieux sur lesquels il faisait exécuter des travaux.

Durant les premiers mois du séjour de Napoléon à l'île d'Elbe, la croisière que les Anglais entretenaient dans ces parages, avait observé l'île avec une sorte de sévérité; bientôt cette rigueur se relâcha beaucoup. L'Empereur recueillait avec soin les nouvelles qui lui venaient de France; il suivait en silence la marche des événemens, et remarqua surtout que la réorganisation de l'armée laissait sans emploi dix mille officiers, que la réduction des cadres ne permettait pas d'employer. Un clergé ambitieux et une noblesse insolente saisissant toutes les places, augmentaient le parti puissant qui le regrettait, et qui avait en horreur des princes ramenés à la suite des cosaques. Beaucoup de regards se tournèrent donc vers l'île d'Elbe; on crut que le salut de la patrie pouvait venir de là.

Au moment même où Napoléon préparait secrètement son retour en France, il paraissait, plus que jamais, occupé de plantations et de constructions. Tout-à-coup il rassemble sa petite armée; une brusque harangue lui fait connaître la tentative chevaleresque à laquelle elle est associée. Un cri unanime de *Vive l'Empereur* accueille cette communication; on s'embarque; on part. La flotille, composée de quatre voiles, avait été disposée de manière à ne point laisser apercevoir les troupes, et à présenter l'aspect de bâtimens marchands.

Pendant la traversée, qui dura cinq jours, les officiers, sous-officiers et soldats furent employés à multiplier les copies d'une proclamation que rédigea l'Empereur; il y en avait des milliers d'exemplaires au moment du débarquement.

L'expédition débarqua avec célérité au golfe Juan le 1er mars 1815 : la ville d'Antibes refusa d'ouvrir ses portes; le gouverneur fit même prisonnier un détachement de vingt-cinq hommes, que l'Empereur avait envoyé pour le sommer. Ce petit échec fut le seul de cette prodigieuse campagne.

Aucun corps armé ne s'était encore présenté à l'Empereur; ce fut le jeune colonel Labédoyère qui lui amena le premier régiment au-dessus duquel flottait l'étendard des lys. Il était parti de Grenoble avec la ferme intention de combattre ; mais, arrivé à une petite distance du cortége de l'île d'Elbe, que vit-il ? Les grenadiers de la vieille garde, ces vétérans de notre gloire militaire, suivant avec la plus parfaite sécurité les sentiers qui bordaient la route ; ils portaient l'arme renversée. Napoléon marchait au milieu d'eux avec la plus parfaite tranquillité... A cet aspect, la troupe de Labédoyère s'est arrêtée. Les grenadiers n'ont pas relevé leurs armes, et l'Empereur seul s'est avancé au-devant du régiment : « Eh bien ! mes enfans, dit-il, quel « est celui d'entre vous qui voudrait « tirer sur son Empereur ? » Un cri unanime de *Vive l'Empereur* est l'unique réponse qu'il reçoit ; les braves des deux corps se serrent la main et s'embrassent. Napoléon arrive à Grenoble ; le gouverneur en avait fait fermer les portes ; elles sont enfoncées. L'Empereur est reçu avec acclamation par une foule immense qui se presse sur ses pas.

La rapidité de sa marche à travers la France est un de ces faits extraordinaires auxquels l'histoire n'a rien à comparer. L'aigle impérial a repris son vol; rien ne peut l'arrêter dans sa course, et d'un coup de son aile puissante, il renverse encore une fois le trône chancelant de Louis XVIII.

M. le comte d'Artois avait réuni à Lyon une nombreuse garnison; mais à peine les soldats français eurent-ils entrevu les aigles, qu'ils coururent se réunir à Napoléon. Rendu à Paris le 20 mars, Napoléon y fut reçu comme il l'avait été partout: chose extraordinaire, il ne fut pas tiré un coup de fusil du golfe Juan à Paris; tout le monde paraissait d'accord.

Lorsque les souverains signataires du traité de Paris apprirent le débarquement de Napoléon, ils s'engagèrent à mettre sur le champ en campagne une armée de cent cinquante mille hommes, pour replacer les Bourbons sur le trône. Les Français sentirent que pour soutenir la guerre qui menaçait nos frontières, ils ne devaient compter que sur leur propre énergie; aussi, les dispositions qui se faisaient de toutes parts pour la guerre ne se ralentirent pas; l'armée s'organisait rapidement; la garde impériale se complettait; la plus grande activité régnait dans les fonderies, dans les manufactures d'armes : les fortifications de Paris s'exécutaient, cette fois, sous les yeux de Napoléon.

Notre principale armée était réunie sur la frontière du nord; l'Empereur partit le 12 juin de Paris, et arriva le 13 à Avesnes. Les forces de la France offraient un effectif de trois cent mille hommes. Les ennemis que nous avions à combattre immédiatement étaient les Prussiens et les Anglais, réunis en Belgique. Nos soldats se disposaient à combattre avec ardeur pour soutenir, pour élever encore, s'il était possible, l'honneur national.

Le 15 juin les dragons de la garde battirent les Prussiens, qui restèrent sur le champ de bataille au nombre de trois ou quatre mille; cinq pièces de canon et un drapeau tombèrent en notre pouvoir. Le 16, dans la matinée, les colonnes françaises débouchèrent dans les plaines de Fleurus; à 3 heures l'Empereur fit attaquer sur quatre points différens; le village de Ligny fut pris et repris jusqu'à sept fois : des flots de sang avaient coulé sur toute la ligne; le ravin de Ligny était comblé de cadavres français et prussiens. L'ennemi perdit trente mille hommes dans cette journée; les Prussiens seuls en eurent vingt-cinq mille de tués ou blessés. Le prince de Brunswick et plusieurs généraux restèrent sur le champ de bataille. La victoire de Ligny ne nous coûta pas moins de quinze mille hommes mis hors de combat.

Dans la journée du 17, l'Empereur disposa son armée en deux colonnes; la nuit du 17 fut affreuse; la pluie tombait par torrens. Nos troupes, déjà si fatiguées par la lutte sanglante de la surveille, eurent encore à souffrir dans leurs bivouacs, où il fut impossible d'entretenir du feu. Pour comble de malheur, les soldats manquaient de vivres, parce qu'on ne leur laissa pas le temps de s'en procurer. Le 18, à midi, Napoléon fit attaquer les Anglais, dont la nombreuse artillerie était protégée par des haies, des ravins et des bois; ces obstacles ne suspendirent pas l'impétuosité de nos soldats; ils bravèrent également les feux vivement soutenus d'une artillerie masquée. Le bois avait été pris et repris plusieurs fois. Une horrible mêlée s'engage de nouveau sur toute la ligne; plusieurs batteries ennemies sont renversées; des drapeaux sont enlevées par nos soldats; quatre régimens anglais disparaissent en un instant ; malheureusement l'élite de notre cavalerie périt aussi dans cette terrible mêlée.

Trop de désordre dans nos bataillons avance l'instant de nos désastres : un corps de trente mille Prussiens paraît et accable l'armée impériale d'un redoutable renfort. Sur tous les points, la cavalerie des alliés se fait jour à travers les rangs français ; toutes les positions avantageuses nous sont reprises. Un seul bataillon, enveloppé, foudroyé dans toutes les directions, n'a pas été rompu. Cambronne commande cette colonne de granit : « Rendez-vous, « braves Français, » leur crient les soldats anglais, qui les admirent en les combattant.... » Non, répond « Cambronne, la garde meurt et ne « se rend pas.... » Aucun de ces braves ne se rendit ; pas un seul resta debout.

Ainsi se termina cette bataille, qui devait fixer les destinées de la France, et qui lui coûta dix-huit mille homm.

tués ou blessés, et huit mille prisonniers. Une nombreuse artillerie resta au pouvoir de l'ennemi ; et plusieurs aigles, arrachées sur le champ de bataille de la main glacée des braves morts en les défendant, furent, pour les alliés, les trophées chèrement payées de cette journée. L'armée ennemie vit disparaître plus de cinquante mille hommes de ses rangs.

Napoléon, qui jugeait sainement la marche des choses, revint à Paris, et abdiqua en faveur de son fils ; les chambres parurent accueillir ce sacrifice avec reconnaissance. Napoléon se retira à la Malmaison, d'où il partit pour Rochefort ; il descendit à l'île d'Aix, et de là se rendit à bord du Bellerophon, où il fut reçu avec les plus grands honneurs. Pendant la traversée, Napoléon ne paraissait nullement inquiet de son sort. Quel fut son étonnement, lorsqu'à son arrivée dans la rade de Plymouth, on lui annonça qu'il ne lui était pas permis de mettre le pied sur le sol anglais; que les alliés le considéraient comme prisonnier de guerre, et qu'il serait renfermé à Sainte-Hélène.

Lorsque le vaisseau fut arrivé à la hauteur du cap de la Hogue, on montra à Napoléon les côtes de la France; « Adieu, dit-il d'un accent « profondément ému, adieu, terre « des braves, adieu, chère France! « quelques traîtres de moins, et tu « serais encore la grande nation, la « maîtresse de l'univers. » L'Empereur avait salué pour la dernière fois cette terre regrettée, dont l'immense Océan allait le séparer à jamais.

Le 17 octobre 1815, les gabiers crient *terre* : Sainte-Hélène est en vue. L'Empereur mesure silencieusement les masses colossales de rochers qui s'élèvent devant lui ; il a reconnu l'enceinte de sa prison. Le lendemain, il touche cette terre d'exil à laquelle doivent se mêler, un jour, les débris de sa dépouille mortelle.

Pour rendre son appartement tenable, il fallut calfeutrer, comme on put, l'unique croisée qui s'y trouvait, à travers la fermeture de laquelle le vent et la pluie pénétraient. Ce lieu, où Napoléon fit établir son lit de camp, fut tout à-la-fois la chambre à coucher, le salon, la salle à manger et le cabinet de travail; le valet-de-chambre de service, enveloppé dans son manteau, couchait sur le carreau dans la chambre même de l'Empereur. Après soixante jours dans un tel lieu, le prisonnier prit possession d'une habitation un peu moins resserrée.

L'Empereur sortait peu; ses journées entières étaient consacrées à l'étude ou à des travaux littéraires, qui portèrent une atteinte grave à sa santé; un affaiblissement qui devint de plus en plus accablant, le contraignit de s'aliter souvent; il prenait fort peu d'alimens. A la fin d'avril, une faiblesse l'obligea de se remettre au lit; il ne se releva plus...

L'Empereur demanda qu'un buste de son fils fût placé devant lui ; il eut, jusqu'à son dernier moment, les yeux fixés sur ce portrait chéri. Le 5 mai 1821, un peu avant six heures du soir, Napoléon croisa avec effort ses bras sur sa poitrine, jeta un dernier coup-d'œil sur le buste placé au pied de son lit, et sa grande âme quitta la terre, à l'instant où le soleil lançait ses derniers rayons sur l'horison.

Napoléon fut exposé les 6 et 7 mai sur le lit de camp qui lui avait servi dans toutes ses campagnes ; il était revêtu de l'uniforme des chasseurs de la garde ; on avait jeté sur lui le manteau qu'il portait à Marengo.

Son cœur fut renfermé avec son corps dans un triple cercueil, qu'on descendit dans un caveau profond dont l'entrée fut scellée par une forte mâçonnerie, sur laquelle se croisent plusieurs barres de fer.

Ainsi finit un prince dont les travaux suffiraient à la gloire de plusieurs souverains : il nous était impossible de resserrer dans ce cadre tous les traits remarquables d'une si prodigieuse carrière ; nous avons tâché du moins de reproduire ceux que l'histoire doit recueillir.

Les qualités et les défauts de Napoléon devaient lui faire commettre des fautes et de grandes choses. Cependant, quand l'histoire impartiale aura pesé froidement les actions de ce héros, les taches qui resteront empreintes sur sa carrière pourront la déparer ; mais elles ne sauraient obscurcir un des règnes les plus glorieux que les siècles aient produits.

TROYES.—IMPRIMERIE DE BAUDOT.

Contraste insuffisant

NF Z 43-120-14

www.ingramcontent.com/pod-product-compliance
Lightning Source LLC
Chambersburg PA
CBHW070531100426
42743CB00010B/2039